HILDI VOGLER-VON KÄNEL

KNÜPFEN FÜR FORTGESCHRITTENE

HILDI VOGLER-VON KÄNEL

KNÜPFEN FÜR FORTGESCHRITTENE

Ein weiterführender Lehrgang für neue Macramé-Arbeiten mit vielen Beispielen und Hinweisen

Verlag Paul Haupt Bern und Stuttgart

Die Arbeiten zu den folgenden Bildern verdanke ich:
Erika Dubs, Othmarsingen (Seite 35, 67, 70, 91, 113 rechts, 193, 227 unten rechts), Mathilde Egger, Küngoldingen (Seite 171), Heidi Fischer, Langenthal (Seite 119, 127, 128, 131, 132, 133, 134, 144), Rösli Härdi, Unterentfelden (Seite 247), Mathilde Hofer, Suhr (Seite 245 unten), Mary Hofer, Strengelbach (Seite 147 unten, 156, 166, 170, 210 unten, 211), Antoinette Isler, Niederrohrdorf (Seite 151, 225 unten links), Klara Isler, Niederrohrdorf (Seite 189), Elisabeth Knechtli, Niederlenz (Seite 79, 84, 86, 192), Lydia Kuster, Zürich (Seite 81, 87, 227 oben rechts), Verena Moser, Reinach/AG (Seite 223), Charlotte Nägeli, Gränichen (Seite 148, 159, 163, 164, 165, 177, 183, 185, 199, 221), Eveline Ruff, Küngoldingen (Seite 83, 89, 95, 96, 97, 121 links, 150, 153, 155, 160, 161, 162, 167, 172, 176, 179, 187, 194, 197, 200, 213 rechts, 242, 243 oben 249, 255 oben links, 256), Berty Schranz, Adelboden (Seite 71 unten links), Heidi Vogt, Suhr (Seite 145), Dora Wipf, Boswil/AG (Seite 147 oben); Amalie Meier, Schafisheim, verdanke ich einige Spiralenarbeiten, die sie freundlicherweise für mich geknüpft hat.

Fotos: Walter Studer, Bern

ISBN 3-258-02637-8

Printed in Switzerland
Typographische Gestaltung: Kurt Thönnes, Bern
Fotolithos: Aberegg Steiner AG, Bern
Druck: Schüler AG, Biel
Buchbindereiarbeiten: Max Grollimund, Reinach

DANKESWORT – ANSTELLE EINES VORWORTES

Als ich vor drei Jahren die Unterlagen für mein erstes Buch «wir knüpfen» nach Bern brachte, beschäftigte ich mich in Gedanken bereits mit der Fortsetzung: Es war einfach nicht möglich gewesen, alles im ersten Band unterzubringen, was ich zum Thema zeigen und sagen wollte.

Sie, verehrte Leserinnen und Leser, haben, dank Ihres starken Interesses für «wir knüpfen», ermöglicht, dass nun «Knüpfen für Fortgeschrittene» vor Ihnen liegt, und dafür möchte ich mich an dieser Stelle herzlich bedanken.

In dieser Zeit wäre es ohne grosszügige Hilfe aus Freundeskreisen kaum möglich gewesen, das Buch so reichhaltig zu gestalten. Bei vielen Knüpf-Freundinnen durfte ich selbst aus ihren Arbeiten aussuchen, was mir für das Buch passend schien. Diesen stillen Helferinnen, die auf Seite 4 namentlich erwähnt sind, und allen übrigen Helfern im Hintergrund spreche ich meinen verbindlichsten Dank aus. Danken möchte ich auch Jakob Colombo, Ernst Knechtli und Stephan Schmid für die verschiedenen angefertigten Spezialbrettchen. Frau Elisabeth Knechtli danke ich zusätzlich für die Kerbschnitz- und Bauernmalereiarbeiten, welche sie für mich ausgeführt hat. Fräulein Lisetti Allenbach habe ich im Zusammenhang mit diesem Buch ebenfalls recht viel zu verdanken.

Ein besonderes Dankeschön gehört dem Fotografen Walter Studer; mit wieviel Geduld und Liebe hat er wiederum die Aufnahmen zu diesem Buch gemacht! Aber auch Frau Studer danke ich für die vielen geleisteten Dienste und ihrer Tochter Katrin für die Präsentation des farbigen Dreiecktuches auf Seite 35.

Dem Verlag Paul Haupt danke ich, weil er es ermöglichte, dass das Buch in diesem Umfang und mit so vielen Farbbildern in die Hände eifriger Knüpferinnen gelangen kann.

Zuletzt, aber um so herzlicher möchte ich meiner Familie danken, denn sie zeigte sich sehr tolerant und grosszügig während meiner «Buchzeit». Deshalb sei dieses Buch meinem Mann und unseren drei Kindern, Rebecca, Antoinette und Thomas, gewidmet.

Hildi Vogler-von Känel

INHALTSVERZEICHNIS

ALTES UND NEUES ZUM THEMA KNÜPFEN

1. Ein paar Worte zu diesem Band

Das vorliegende Buch ist als eigentliche Fortsetzung und Ergänzung des ersten Bandes «wir knüpfen» gedacht. Während jener eher Grundtechnik und Aufbau des Knüpfens vorstellt, finden wir hier mehr Gestaltungsvorschläge. Aufgrund meiner Kurserfahrung weiss ich, dass viele Knüpferinnen eigene gute und brauchbare Ideen haben; wenn es jedoch um die Ausführung geht, zögern manche wieder und befürchten, ihre Idee lasse sich vielleicht doch nicht verwirklichen.

Leider fehlt in den eigentlichen Knüpfkursen immer wieder die Zeit für längere private Knüpfberatungen. Wie oft bin ich von einem Kursabend heimgekehrt und musste mir eingestehen, dass ich wieder nicht alles Vorgesehene hatte durchnehmen können, und dies trotz jeweiliger Überstunden und Kursverlängerung.

Deshalb hoffe ich, mit diesem Buch noch viele offene Fragen zu klären und eine Vielfalt an neuen Anregungen zu vermitteln. Es geht mir vor allem darum, Wege zur Verwirklichung eigener Ideen aufzuzeigen. Während meiner Kurstätigkeit habe ich auch erfahren, dass die meisten Kursteilnehmer mehrere handwerkliche Hobbys pflegen: Die einen kennen sich in der Bauernmalerei, die andern im Töpfern aus. Wieder andere beherrschen das Handweben oder sie sticken usw. Hier möchte dieser Band ebenfalls neue Wege weisen und zeigen, wie im Zusammenwirken verschiedener Techniken einmalige Arbeiten gelingen können.

Selbstverständlich werden in diesem Band die speziellen Knüpfausdrücke und sämtliche Knotennamen von «wir knüpfen» übernommen. Was neu hinzukommt, ist speziell erwähnt.

Zu den Arbeitsbeschreibungen ist folgendes zu sagen: Bei Arbeiten, die bereits vom Bild her verständlich sind, habe ich auf eine vollständige Beschreibung verzichtet. Beim Rund- und Viereckknüpfen von der Arbeitsmitte her ist es schon gar nicht mehr möglich, vollständige Anleitungen zu schreiben. Sie würden viel zu umfangreich, wollte man jede neu ein- oder zugesetzte Schnur erwähnen. Dafür zeigt der Band im Detail, wie eine solche Arbeit ausgeführt wird, d.h. wie man anfängt, wie man Schnüre zusetzt und worauf sonst noch geachtet werden muss.

Bei den meisten Arbeiten sind die Fertigmasse aufgeführt, jedoch nicht immer die geschnittenen Schnurlängen. In «wir knüpfen» wird gesagt, wie man die jeweiligen Schnurlängen berechnet; dieser Band bringt auf Seite 18 eine kurze Repetition dazu. Natürlich wird auf spezielle Massrechnungen hingewiesen, und selbst wenn man nur wenig mit dem Knüpfen vertraut ist, hat man diesbezüglich schon eigene Erfahrungen.

Abschliessend möchte ich dem Band zwei Wünsche mitgeben: Möge er in Knüpfkreisen ebensogut aufgenommen werden wie «wir knüpfen», und möge er vielen Hilfe sein zu eigenem schöpferischem Gestalten.

2. Alte Strohknüpfereien aus dem Kanton Aargau

In Wohlen AG hat mich eine Kursteilnehmerin am Schlussabend eines Knüpfkurses mit dem abgebildeten herrlichen Präsent bedacht. Das wunderbare Deckeli mit dem Sternmuster in seiner Mitte ist aus «Strohschnürli» oder «Strohdrähtli», wie sie in der Fachsprache heissen, von der Mutter dieser Kursteilnehmerin geknüpft worden. Die Mutter, Frau Emma Rüttimann-Huber von Jonen/AG, hatte jahrelang in Heimarbeit solche Kostbarkeiten angefertigt. Inzwischen ist sie achtzig Jahre alt geworden und stellt noch ab und zu solche Deckeli zu Geschenkzwecken her.

In meinem Buch «wir knüpfen» habe ich darauf hingewiesen, dass es im Bauernmuseum Wohlenschwil/AG kleine geknüpfte Stroharbeiten zu bewundern gibt. Eine Arbeit mit diesem Sternmuster hingegen hatte ich bis anhin noch nirgends gesehen. Doch, wie es manchmal so geht, konnte ich kurz darauf noch einige alte Stroharbeiten käuflich erwerben und dabei feststellen, dass dieser geknüpfte Stern ein Standardmuster im Rahmen dieser alten Strohheimarbeit war.

Heute schätze ich mich glücklich, dass ich hier anhand dieser alten Vorlagen das Sternmuster in seinem Aufbau zeigen darf.

Bei dieser Gelegenheit möchte ich darauf hinweisen, dass inzwischen das langersehnte und geplante Strohmuseum in Wohlen/AG eröffnet wurde, und ich glaube, ein Besuch müsste jeden Freund der Knüpfkunst begeistern.

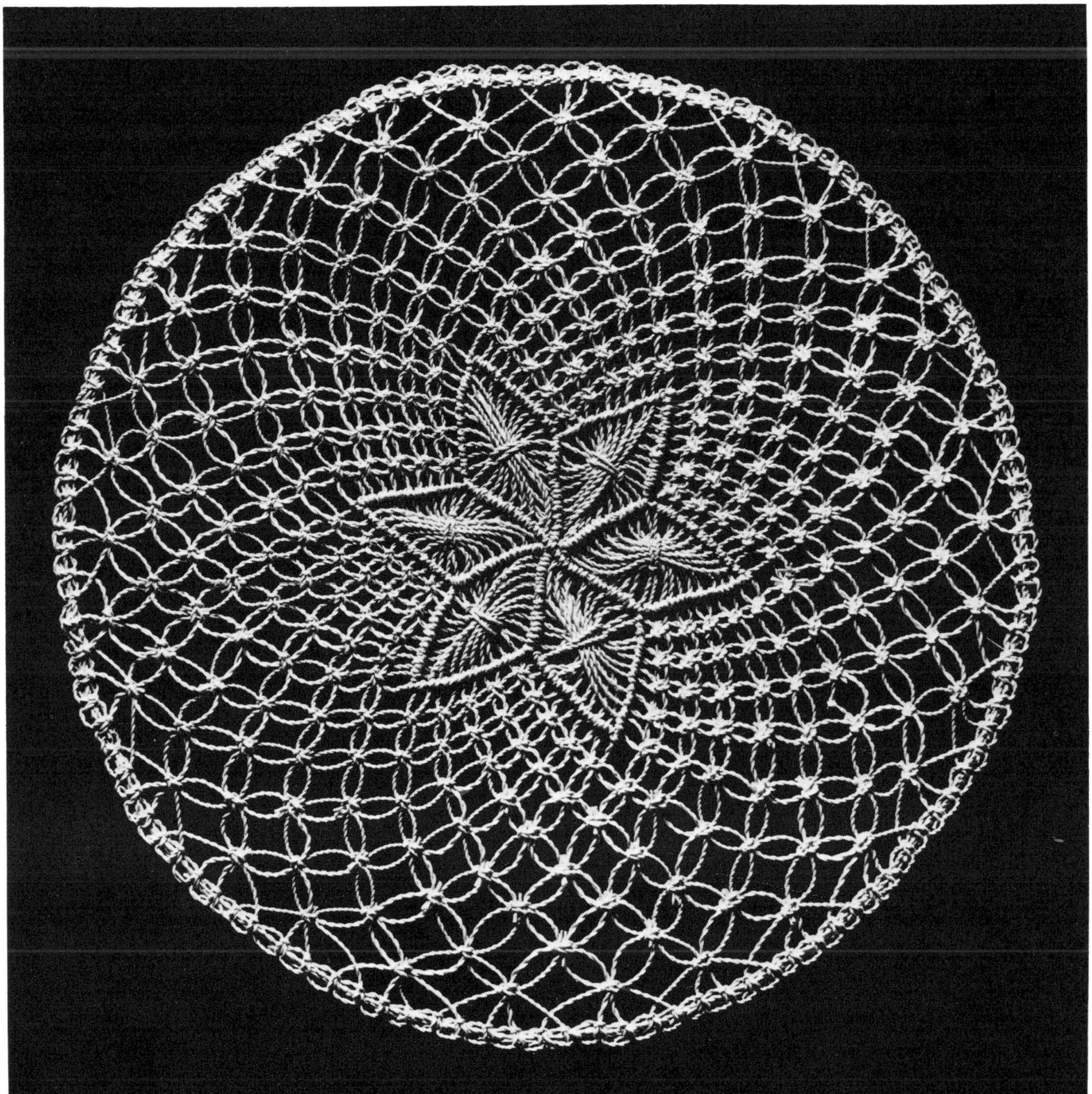

Das Bild auf der nächsten Seite zeigt uns ein paar Muster von geknüpften Bändern und Bordüren in Flachknoten und Randabschlüssen in senkrechten Josefinenknoten. Die Blümchen, Blätter und sonstigen Verzierungen wurden separat angefertigt und in die geknüpften Borten eingearbeitet.

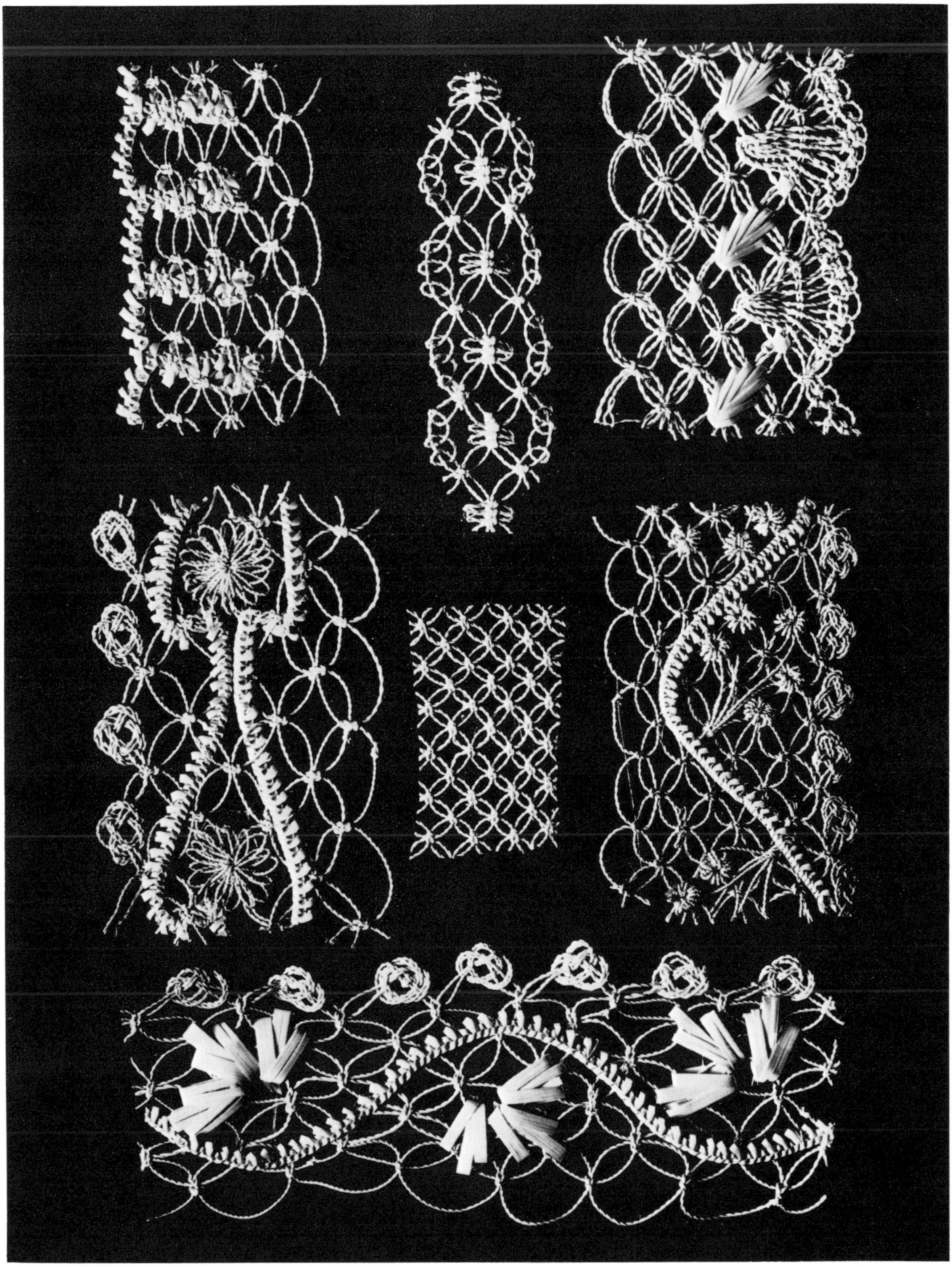

Dieser Hut ist ein aussergewöhnlich schönes Stück aus der alten Freiämter-Heimarbeit. Der achtzackige Stern in der Mitte spricht für sich, beachten wir aber auch das prächtige Zickzackmuster, welches mit Josefinenknoten in den Hutrand eingearbeitet wurde.

Ein weiterer Hut mit Sternmuster im «Gupf» und, was besonders schön ist an diesem Modell, mit einem Zackenrand!

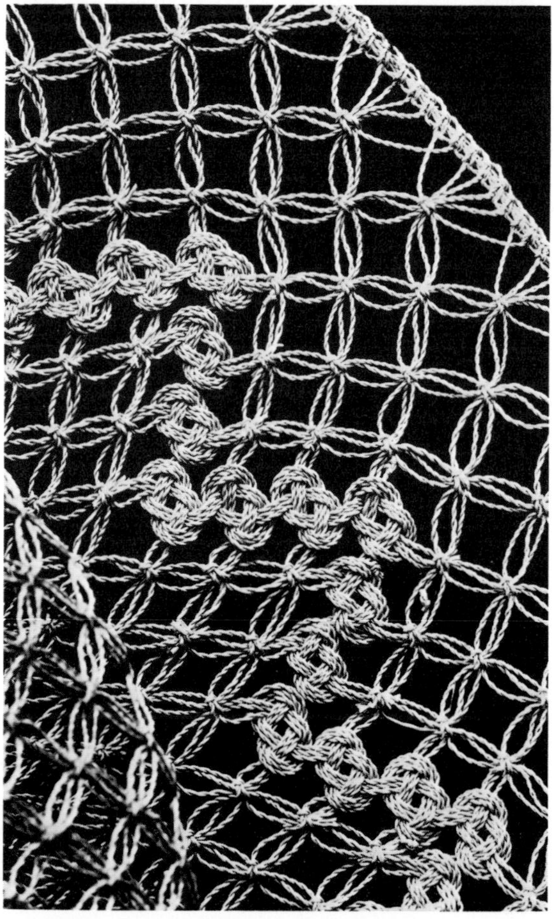

Dazu ist folgendes zu sagen: Das Strohmaterial von damals wurde zum Verarbeiten feucht gehalten; dadurch wurde es weich und geschmeidig. War die Arbeit trocken, wurde das Material steif, und die Schnurenden konnten satt zurückgeschnitten werden, ohne dass sich die Knoten wieder auflösten. Das erklärt auch, weshalb die Hutränder beim Tragen steif abstehen und nicht herunterfallen.

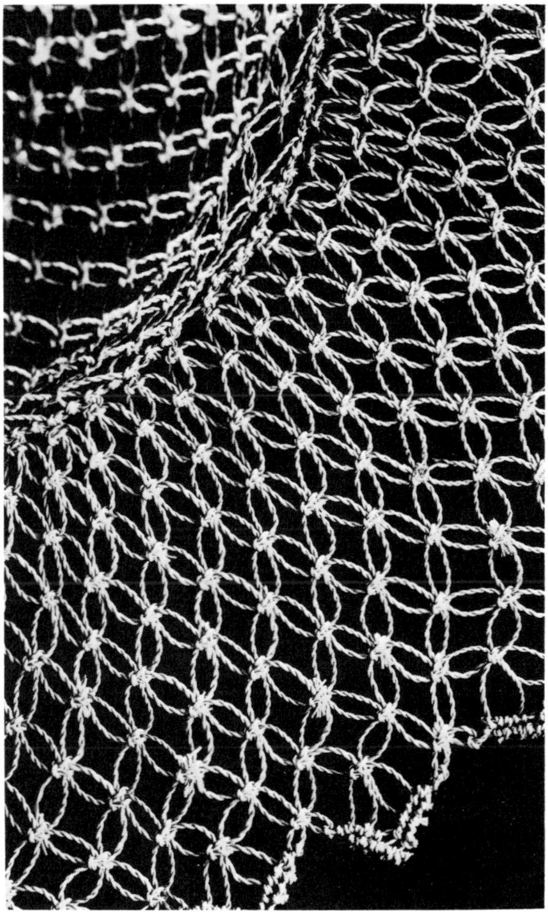

Die Hüte von damals werden leider nicht mehr als Kopfschmuck getragen. In den meisten Fällen werden sie mit einem feuchten Tuch und dem heissen Bügeleisen flach gedämpft und als Wandschmuck oder Zierdeckeli verwendet. Das obere Bild zeigt einen derart behandelten Hut. Auf dem unteren Bild können wir das wunderbare Flachknotenmuster dieser Arbeit betrachten. Aber werfen wir auch noch einen Blick in die Hutmitte: Dort erkennen wir ein spiralenförmiges Sternbild, welches sich durch das jeweilige Einsetzen neuer Schnüre von selbst ergeben hat.

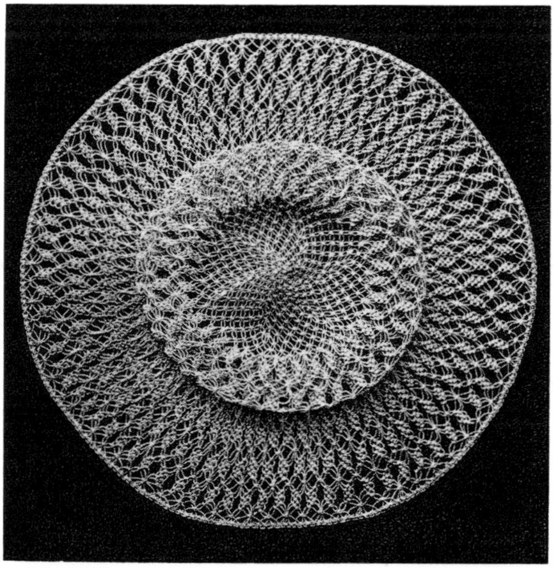

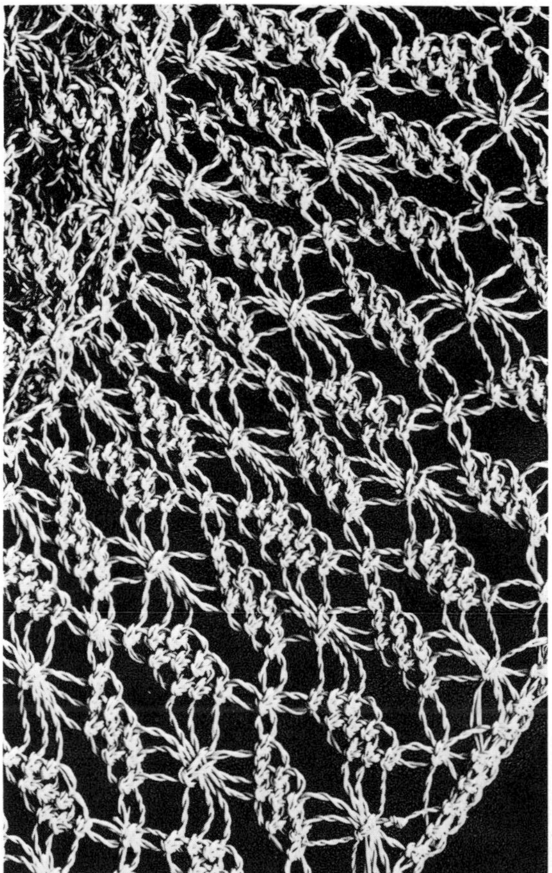

Flachknotenband mit beidseitigem Randabschluss in senkrecht gearbeiteten Josefinenknoten. Die Anregung zu diesem Randabschluss habe ich durch die alten Strohbordüren vom Bild auf Seite 13 erhalten.

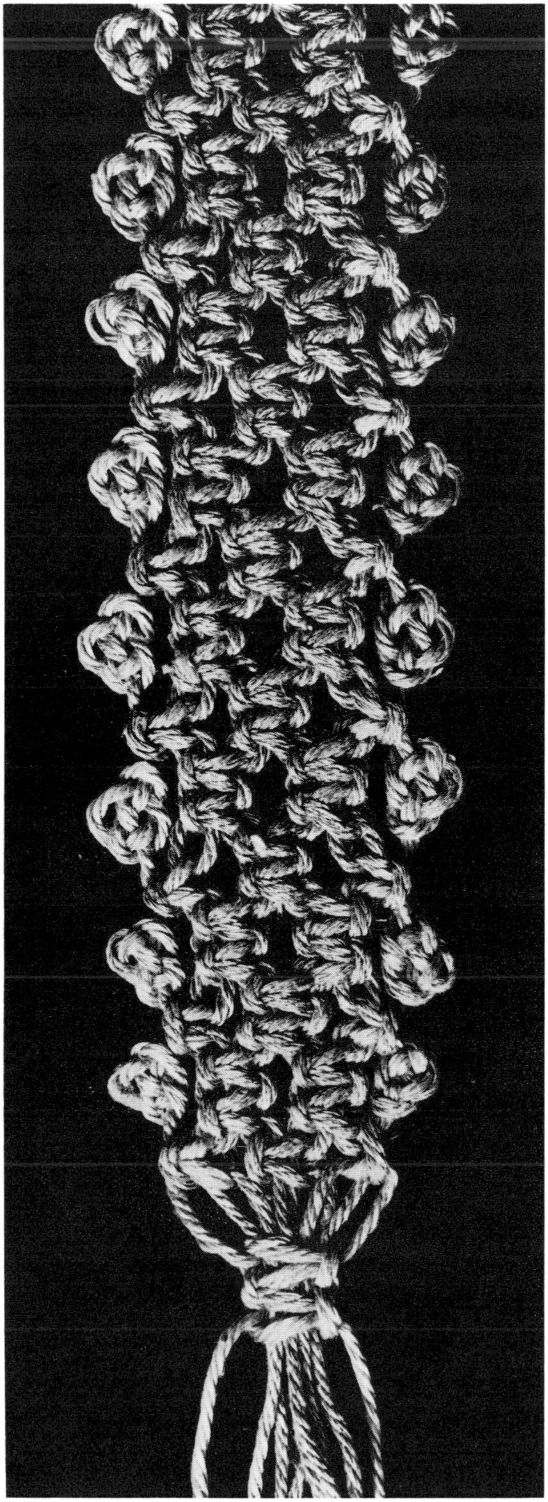

Dies ist der Aufbau des senkrechten Josefinenknotens, welcher, wie jeder andere Knoten, mit einer oder mehreren Schnüren ausgeführt werden kann.

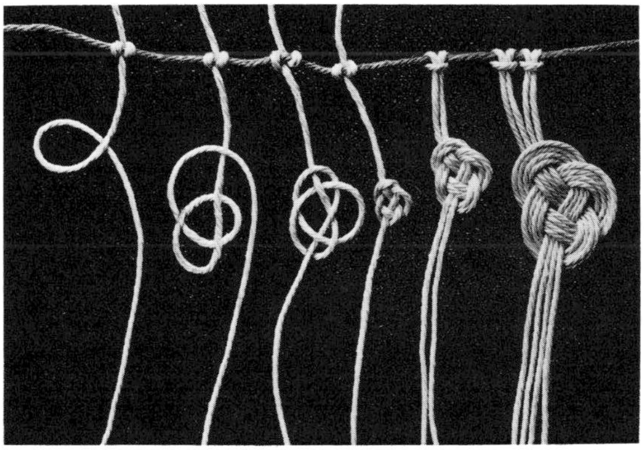

3. Schnurberechnungen

In «wir knüpfen» wird auf Seite 15 gesagt, wie man die Schnurlängen berechnen kann, doch wiederholen wir kurz die wichtigsten Angaben. Leider gibt es keine allgemeingültige Regel, aber eine gute und brauchbare Erfahrungsberechnung ist folgende: Acht- bis zehnmal die fertige Länge einer Knüpfarbeit gibt die Schnittlänge der Schnüre. Bei einem sehr reichhaltigen Knotenmuster rechnen wir sogar bis zwölfmal die fertige Länge.

Bei all diesen Berechnungen gehen wir davon aus, dass die geschnittenen Schnüre in ihrer Mitte so angeknüpft werden, dass wir von einer Schnur zwei Knüpfschnüre auf dieselbe Arbeitsweise hin erhalten.

Nun finden wir in diesem Band bei einigen Arbeiten den Hinweis zum Offen- oder offenen Anknüpfen der Schnüre. Das bedeutet, dass wir eine geschnittene Schnur bei Arbeitsbeginn so anknüpfen, dass wir nur eine Knüpfschnur von ihr erhalten.

Für einen offenen Anschlag müssen die Schnüre nur halb so lang geschnitten werden wie sonst üblich. Mit andern Worten: Diese Schnüre sind nur vier- bis sechsmal so lang wie die fertige Arbeit.

Auf dem obersten Bild auf Seite 39 sehen wir einen offenen Anschlag.

Bei Tisch- und Truhenläufern beginnen wir die Arbeit meistens auf diese Weise. Dazu nehmen wir mit Vorteil eine Hilfsleitschnur, knüpfen sämtliche Schnüre in ihrer Mitte offen im Rippenknoten an diese Leitschnur. Dann knüpfen wir zuerst die eine Läuferseite, drehen die Arbeit um 180 Grad, ziehen die Hilfsleitschnur heraus und arbeiten die zweite Läuferseite gegengleich.

Das Ganze hat den Vorteil, dass wir schon zu Beginn nur halb so lange Knüpfschnüre zu verarbeiten haben, damit sparen wir Zeit und zudem wird das Material geschont.

Beim Viereckknüpfen von der Arbeitsmitte her, beginnen wir die Arbeit in den meisten Fällen mit offenem Anschlag. Dabei ist zu erwähnen, dass alle Schnüre die später neu zugesetzt werden (das kann schon unmittelbar nach dem Anschlag der Fall sein), wieder normal berechnet werden müssen. Diese Schnüre werden in ihrer Mitte wieder so eingeknüpft, dass wir von einer Schnur zwei Knüpfschnüre erhalten. Auch das Material spielt bei der Schnurberechung eine Rolle, feines Material reicht weiter als grobes.

Eine wesentliche Rolle spielt auch die eigene Knüpfweise. Je nachdem, ob wir locker oder eher satt arbeiten, kann die Schnittlänge der Schnüre stark variieren. Darum sollten sich Anfänger unbedingt Notizen zu ihren ersten Arbeiten machen. Anhand derselben können sie bei der fertigen Arbeit prüfen, ob sie bei der nächsten Arbeit die Schnüre eventuell kürzer- oder auch länger schneiden sollten. So findet jeder mit der Zeit seine persönlichen Schnittmasse. Weil für dieses Buch von so vielen verschiedenen Seiten Massangaben verwendet wurden, möchte ich alle Leserinnen und Leser in eigenem Interesse auffordern, die jeweiligen Massangaben in diesem Band zu prüfen und den eigenen Erfahrungen anzupassen.

4. Wiederholung der wichtigsten Knotennamen

Die beiden ersten Arbeiten geben uns Gelegenheit, ein paar der wichtigsten Knotennamen zu repetieren.

Kleiner Wandschmuck

Breite: 21 cm
Knüpfhöhe: 45 cm ohne Fransen
Material: hell- und dunkelbeige Juteschnur

Die Arbeit besteht aus neun verschieden geknüpften Knotenbändern, welche beim Abschluss mit strahlenförmigen Rippentouren von der Arbeitsmitte her miteinander verbunden werden.

Die Aufzählung der Bänder erfolgt von links nach rechts:

Flach- und Abschlingknoten im Wechsel
Halbe Flachknoten
Frivolitätsknoten in beidseitigem Wechsel
Flachknoten
fingergehäkelte oder «gedüntelte» Schnur
Spiralenknoten
Abschlingknoten in kleinen Abständen
Halbe Frivolitätknoten in beidseitigem Wechsel
Kettenknoten

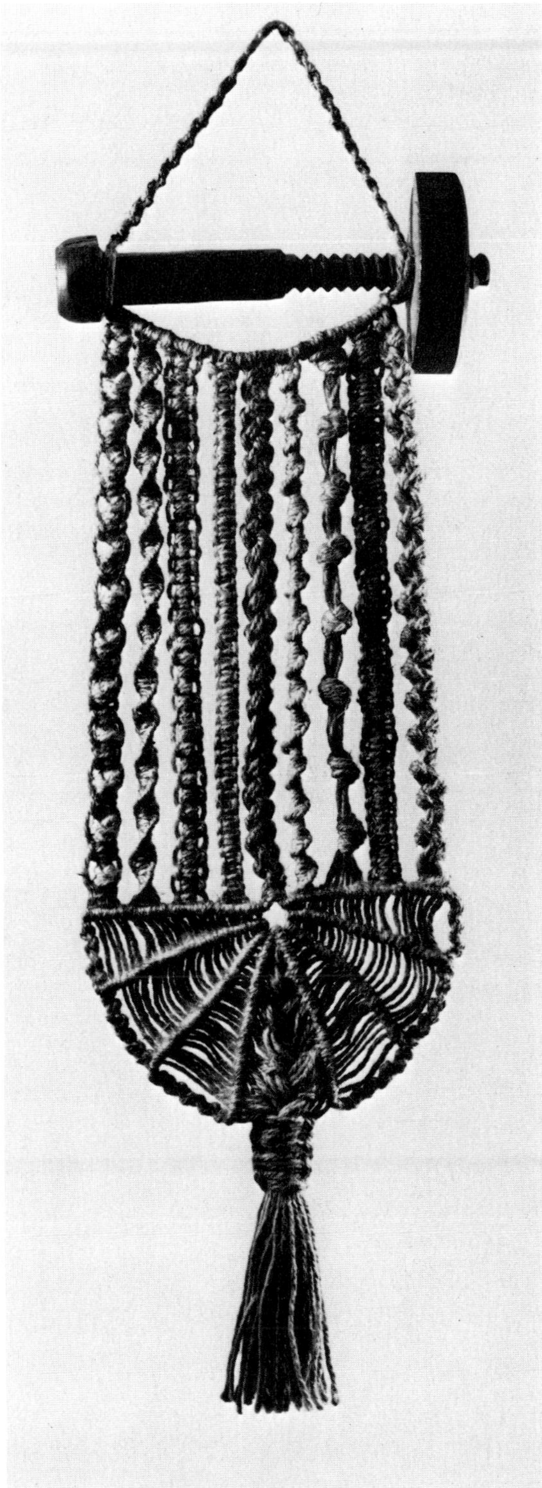

Grosser Schnurbänder-Wandbehang an alter Holzschraube

Breite: 36 cm

Knüpfhöhe: 115 cm

Material: grobe, hell- und dunkelbeige Hanfschnur

Von links nach rechts:

Spiralenknoten

Flach- und Abschlingknoten im Wechsel

fingergehäkelte oder «gedüntelte» Schnur

Flachknoten

Kettenknoten

Frivolitätknoten in beidseitigem Wechsel

Halbe Flachknoten

1975

5. Neu verwendete Knoten und Muster dieses Bandes

Dies sind vier verschiedene Flachknotenmuster.

Das erste Muster ist sozusagen das klassische und meistangewandte Flachknotenmuster. Jeder Knoten wird mit vier Schnüren geschlungen, und die geraden Mustertouren werden versetzt zu den ungeraden gearbeitet.

Das zweite Muster wird eigentlich wie das erste geknüpft, doch werden die Flachknoten der geraden Musterreihen gegengleich zu den Knoten der ungeraden Touren ausgeführt. Das heisst, wenn wir die Knoten der 1., 3., 5. und 7. Reihe von links beginnen, knüpfen wir sie in der 2., 4., 6. und 8. Tour mit Rechtsbeginn.

Das Muster ist sehr apart in seiner Wirkung und kann überall anstelle des klassischen Flachknotenmusters angewandt werden.

Beim dritten Muster werden die Flachknoten nur mit je drei Schnüren ausgeführt. Durch die ungerade Schnurzahl der einzelnen Knoten bleiben bei den versetzten Mustertouren auf einer Randseite zwei Schnüre und auf der andern Seite eine Schnur übrig.

Je nachdem – es kommt drauf an, wo wir mit der versetzten Tour beginnen –, haben wir die zwei Schnüre auf der rechten oder auf der linken Seite. Wir sollten darauf achten, dass die Anordnung der ersten versetzten Reihe bei den übrigen versetzten Touren dieselbe bleibt. Weil die Knoten nur mit je drei Schnüren geschlungen

werden, entstehen bei den versetzten Touren kleinere Zwischenräume als sonst. Dadurch ergibt sich ein ziemlich kompaktes Muster.
Beim letzten der vier Muster werden die Flachknoten nie versetzt gearbeitet. Hier haben wir stets dieselben Einlageschnüre und demzufolge immer dieselben Knüpfschnüre. Damit wir nicht nur einzelne Flachknotenstäbchen erhalten, müssen die Knüpfschnüre bei jeder neuen Musterreihe gekreuzt werden. Wir knüpfen also mit denselben Knüpfschnüren, im Wechsel: einmal um die rechts stehenden Einlageschnüre, dann wieder um die linken. Wir achten jeweils beim Kreuzen der Schnüre darauf, dass stets die entsprechende rechte Schnur über der linken liegt oder umgekehrt – dass also nicht einmal die rechte Schnur oben liegt und dann wieder die linke; sonst erhalten wir kein regelmässiges Muster.
Bei diesem Muster wird die Hälfte der Schnüre, d.h. die Einlageschnüre, kürzer geschnitten; dreimal die fertige Arbeitslänge ist ausreichend. Dafür schneiden wir die Knüpfschnüre wesentlich länger.
Die nächsten beiden Vorschläge (Bild links) sind ausschliesslich in halben Flachknoten ausgeführt.
Beim ersten Muster sind die Knoten nach jeder neuen Reihe versetzt gearbeitet.
Beim zweiten Muster erfolgen die versetzten Touren jeweils erst nach zwei Musterreihen.
Diese Muster eignen sich gut für Wollarbeiten. Stolen und Dreiecktücher, auch Kissen und vieles mehr lassen sich in diesen Mustern arbeiten.

Die nächsten Bilder zeigen uns immer wieder angewandte Knüpfmuster. Der Einfachheit halber habe ich diese Muster mit Namen bezeichnet.
Auf dem rechten Bild sehen wir zunächst das Rosettenmuster und dann das Bogenmuster.
Diese Muster werden auch so genannt, wenn sie mit wesentlich mehr oder weniger Schnüren, d.h. kleiner oder grösser, gearbeitet sind.

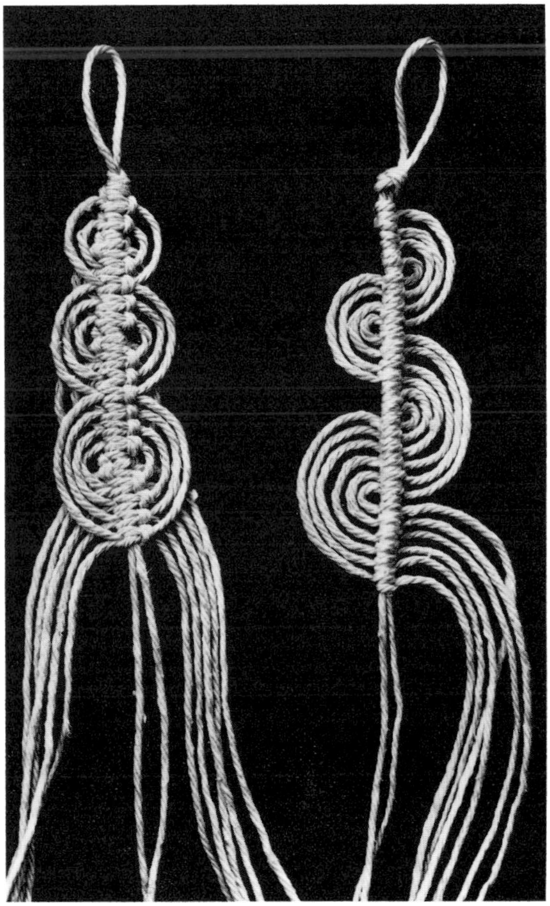

a b c d e

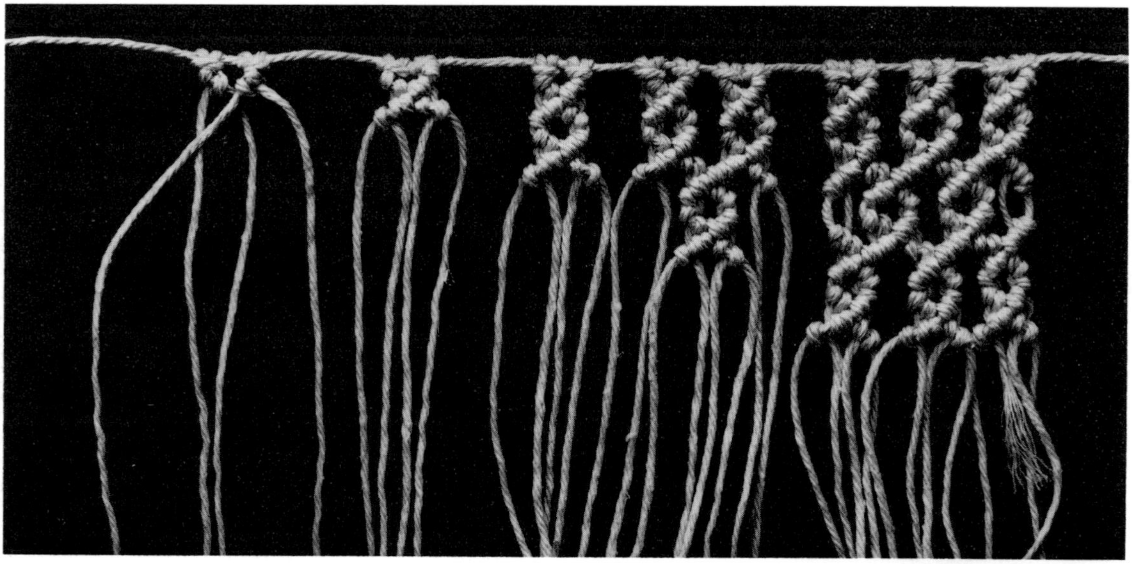

Obwohl dieses Muster beim ersten Blick ganz anders wirkt, bestehen die einzelnen Musterbigeli aus einem oberen und einem unteren Kreuz. Darum bezeichne ich dieses Muster als Doppelkreuzmuster.
Mit nur vier Schnüren wird ein einzelnes Musterbigeli geknüpft. Bei a sehen wir die oberen Kreuzbeine vom ersten Kreuz, diese bestehen aus je einem Rippenknoten.
Bild *b* zeigt das fertige obere Kreuz, und wir erkennen, dass das rechte Bein eine durchgehende Rippentour aufweist, während das linke Kreuzbein durch das rechte unterbrochen ist. Das zweite anschliessende Kreuz ist eine exakte Wiederholung des ersten.
Bei *c* sehen wir ein fertiges Doppelkreuz-Musterbigeli. Wenn wir die obere Musterhälfte abdecken, sehen wir das untere Kreuz sehr genau.
Bei *d* haben wir drei fertige Musterbigeli, wobei das dritte versetzt gearbeitet ist.
Anschliessend ist bei e die schöne Wirkung dieses Doppelkreuzmusters zu erkennen.

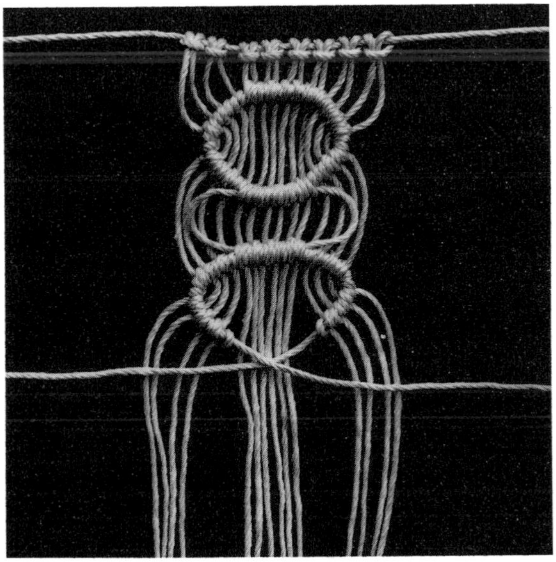 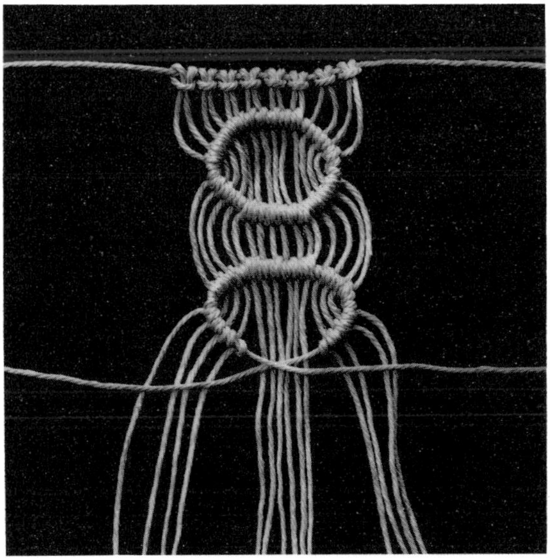

Das Rundmuster: Dazu nehmen wir von jeder Seite die entsprechende Schnur. Es kann beispielsweise die 3., 4. oder 5. sein; Arbeitsbreite und Feinheit des Materials spielen dabei eine Rolle.

Diese beiden Schnüre werden als Leitschnüre gekreuzt über die restlichen Schnüre in der Arbeitsmitte gelegt. Nun werden die zwischen den Leitschnüren verbliebenen Schnüre im Rippenknoten gleichzeitig um die beiden gekreuzten Leitschnüre geknüpft. Das gibt den oberen Kreisrand. Anschliessend werden auf beiden Randseiten die noch verbliebenen Schnüre an die entsprechende einzelne Leitschnur angeknüpft. Dabei werden diese Schnüre zuerst für die obere Kreishälfte und nach dem erforderlichen Handwechsel der Leitschnüre gleich nochmals für die untere Kreishälfte angeknüpft.

Nun werden die Leitschnüre erneut gekreuzt, und dieselbe Anzahl Schnüre wie am oberen Kreisrand wird am unteren Rand wieder um beide Leitschnüre gleichzeitig geknüpft.

Auf dem linken Bild wurde von beiden Leitschnüren ein Bogen stehen gelassen; so ist der Lauf dieser Schnüre gut zu erkennen. Für die Arbeit auf dem rechten Bild sind die Leitschnüre nachgezogen worden.

Natürlich können in diese Rundmuster nach Belieben Füllmuster eingeknüpft werden.

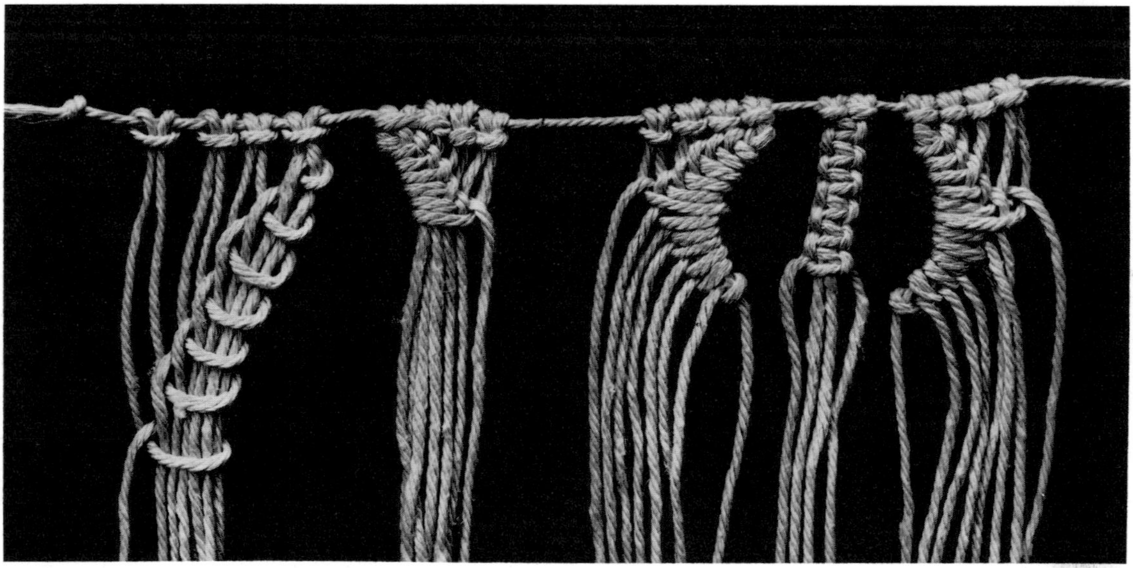

Dieses Muster nenne ich das Vorhangmuster, weil es im oberen Teil wie ein Vorhang zurückgeknüpft wird. Ganz links sehen wir die Verschlingung der linken oberen Musterhälfte in loser Ausführung. Rechts davon ist der gegengleiche Musterteil fertig ausgeführt. Die beidseitigen unteren Musterhälften werden gegengleich zu den oberen ausgeführt. Auf der rechten Bildhälfte sehen wir ein fertiges Vorhangmuster, in dessen Mitte noch ein Flachknotenstäbchen eingeknüpft wurde.

Hier sehen wir ein Flachknotenmuster mit stehengelassenen Flügeln. Wenn wir zwischen den einzelnen Flachknoten Flügel stehenlassen wollen, knüpfen wir mit Vorteil Flachknoten in gleichmässigen Abständen, wie es links im Bild gezeigt wird. Zuletzt schieben wir die Knoten nach oben und erhalten durch die Abstandbögen die gewünschten Flügelknoten. Je nachdem, wie gross wir die Abstände halten, bekommen wir grössere oder kleinere Flügel.

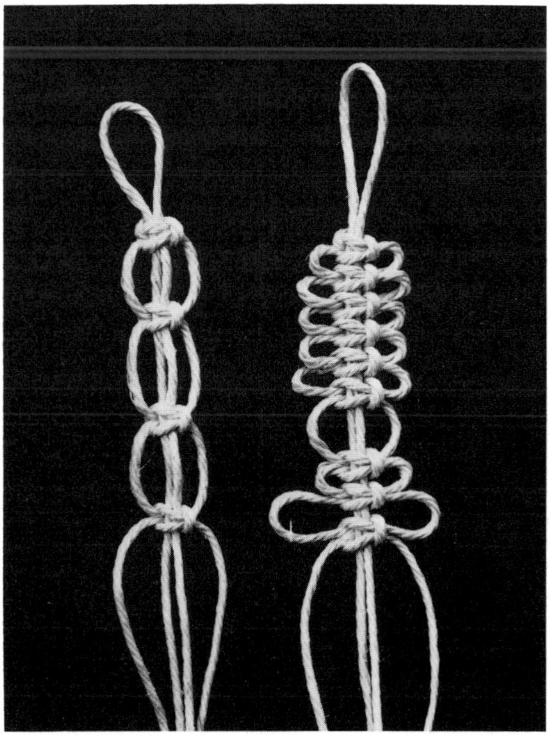

Randbogenmuster in Frivolitätknoten.
Links im Bild sehen wir eine senkrechte Reihe Frivolitätknoten. Dabei war die linke Schnur die Einlageschnur, und mit der rechten Schnur wurden sämtliche Knoten ausgeführt.
Wenn wir nun die Knoten auf der Einlageschnur satt zusammenschieben und die Einlageschnur entsprechend zurechtformen, erhalten wir die gewünschten Bogenmuster.
Rechts im Bild sind die Frivolitätknoten mit zwei verschiedenfarbigen Schnüren im Wechsel ausgeführt. Weil mit jeder Farbe jeweils erst wieder der übernächste Knoten ausgeführt wird, erhalten wir die von Knoten zu Knoten gespannten Schnurbogen. Achten wir darauf, dass diese Bogen gleichmässig gross werden!

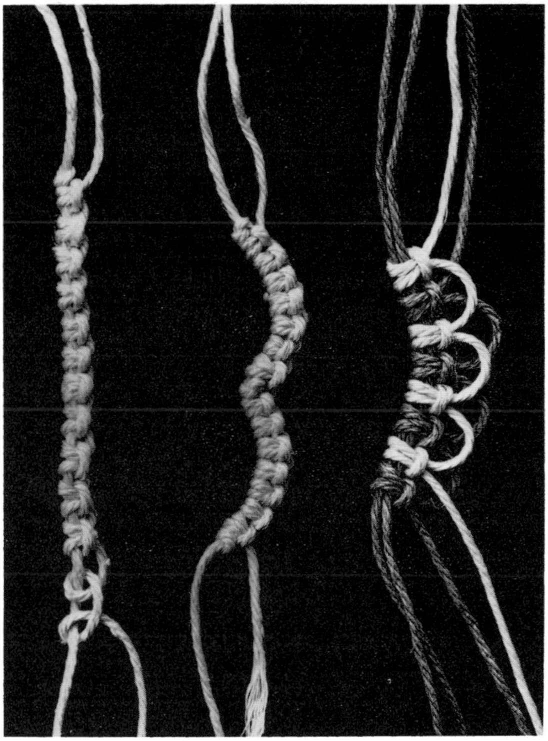

Das ist der Zapfenknoten. Ganz links sehen wir den lose geschlungenen Knoten, ausgeführt mit einer Schnur. Die Schnur schlingt sich dabei um sich selbst. In der Mitte sehen wir vier zugezogene Knoten. Je länger die Schnur um sich selbst geschlungen wird, desto länger wird der Knoten.
Rechts sehen wir einen Zapfenknoten, der mit einem ganzen Schnurbündchen geschlungen wurde.
Auf Seite 129 finden Sie einen Ausschnitt mit diesen Knoten.

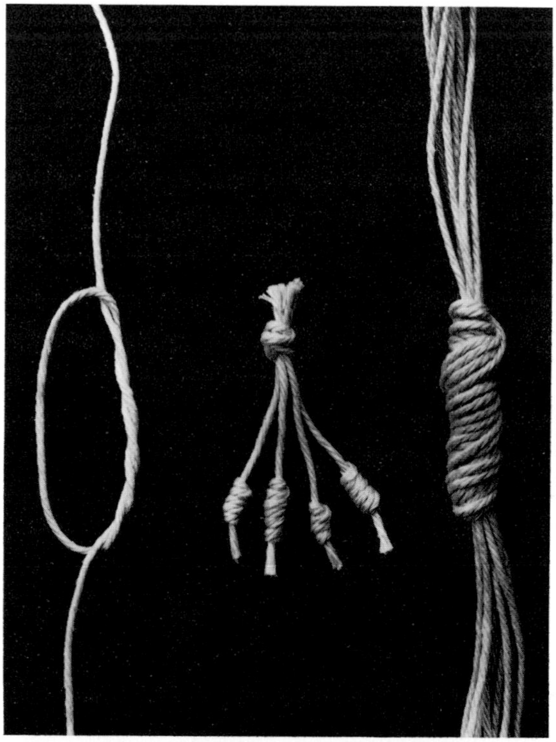

Der Dreieckknoten kann mit beliebig vielen Schnüren geknüpft werden. Links im Bild sehen wir den lose geschlungenen Knoten, einmal mit je einer Schnur, dann mit je zwei Schnüren ausgeführt. Dann sehen wir den fertig zugezogenen Knoten mit vier Schnüren und zuletzt einen Dreieckknoten mit zwölf Schnüren.

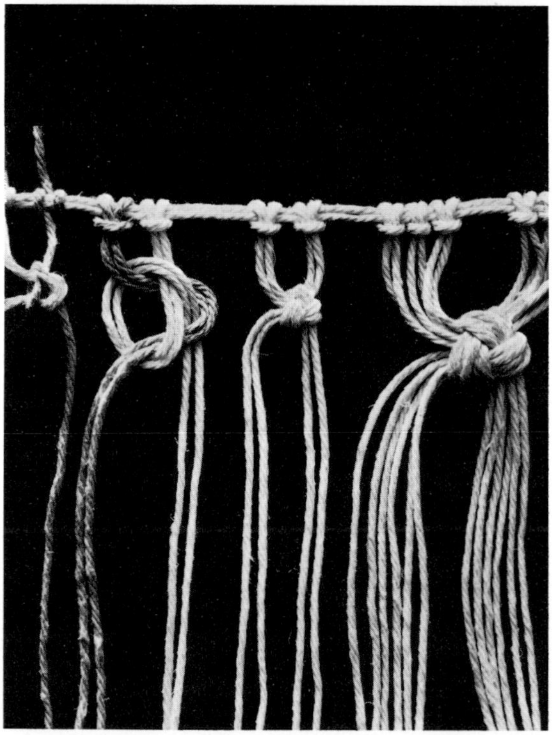

FORMENKNÜPFEN

1. Knüpfen im Dreieck

Wer auch nur ein wenig mit dem Knüpfen vertraut ist, weiss, dass sich das Dreieckknüpfen fast von selbst ergibt. Und zwar geschieht dies durch das Versetzen der Mustertouren. Was immer wir als Muster wählen, es bleiben bei der ersten versetzten Musterreihe an beiden Randseiten Schnüre übrig – je nach Muster mehr oder weniger.

Normalerweise würde man bei der nächsten Tour diese Schnüre wieder in die Knüpfarbeit einbeziehen, damit die Seitenränder gerade verlaufen. Dies wiederholt sich während der ganzen Arbeit.

Beim Dreieckknüpfen lassen wir nun bei jeder neuen versetzten Musterreihe die betreffenden Randschnüre einfach stehen, so ergibt sich die Dreieckform von selbst.

Wenn wir ein Schultertuch in dieser Form knüpfen wollen, können wir abschliessend auf beiden Randseiten eine Abschlussbordüre einknüpfen. Dazu nehmen wir je eine neue entsprechende Leitschnur, knüpfen mit den stehengelassenen Schnüren auf jeder Randseite eine Rippentour, dann folgt das Bordürenmuster nach Wunsch, und abschliessend folgt nochmals eine Rippentour. Für die zweite und abschliessende Rippentour müssen wir aber unbedingt neue Schnüre einsetzen, denn durch das Bordürenmuster erhalten wir einen grösseren Dreieckwinkel, weshalb sich die abschliessende Rippentour zusammenzöge, würden wir nicht neue Schnüre einknüpfen. Am abgebildeten Modell wurde nach je sechs

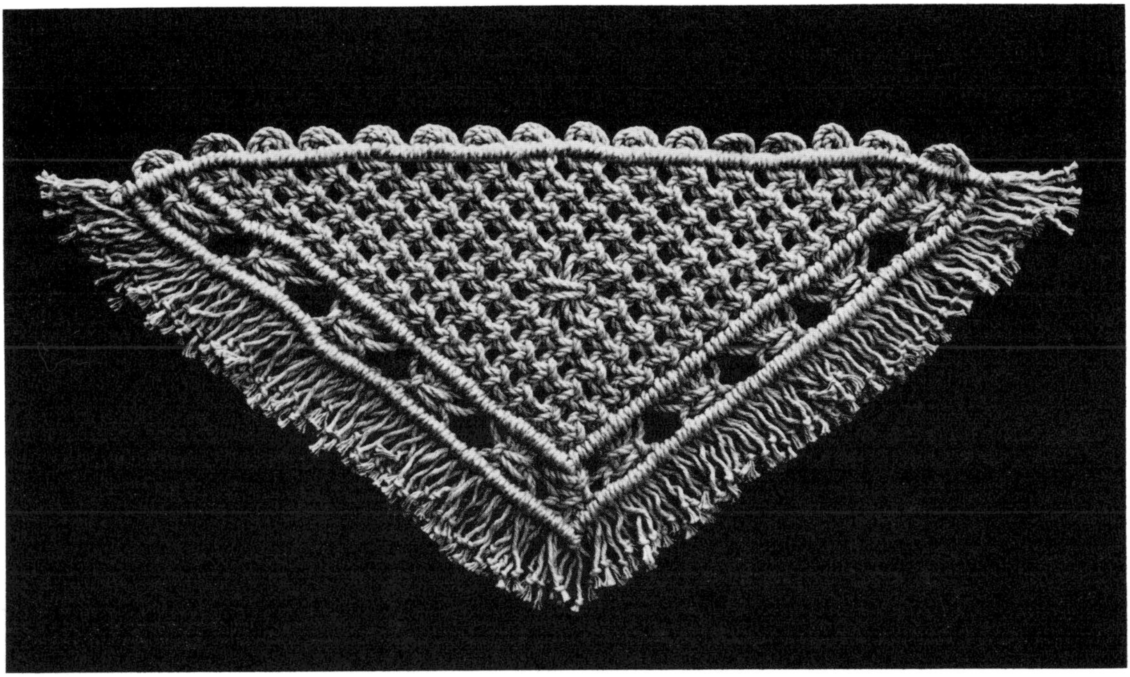

Schnüren je eine neue Schnur im Rippenknoten an die Leitschnur geknüpft; das ergab hier den richtigen Winkel. Je nach Material sind vielleicht mehr oder weniger Zusatzschnüre erforderlich.
Anstelle einer Abschlussbordüre können wir – wie unten zu sehen ist – auch nur Fransen stehenlassen oder einen hübschen Abschluss knüpfen. Das Bild rechts zeigt einen Zackenrand.

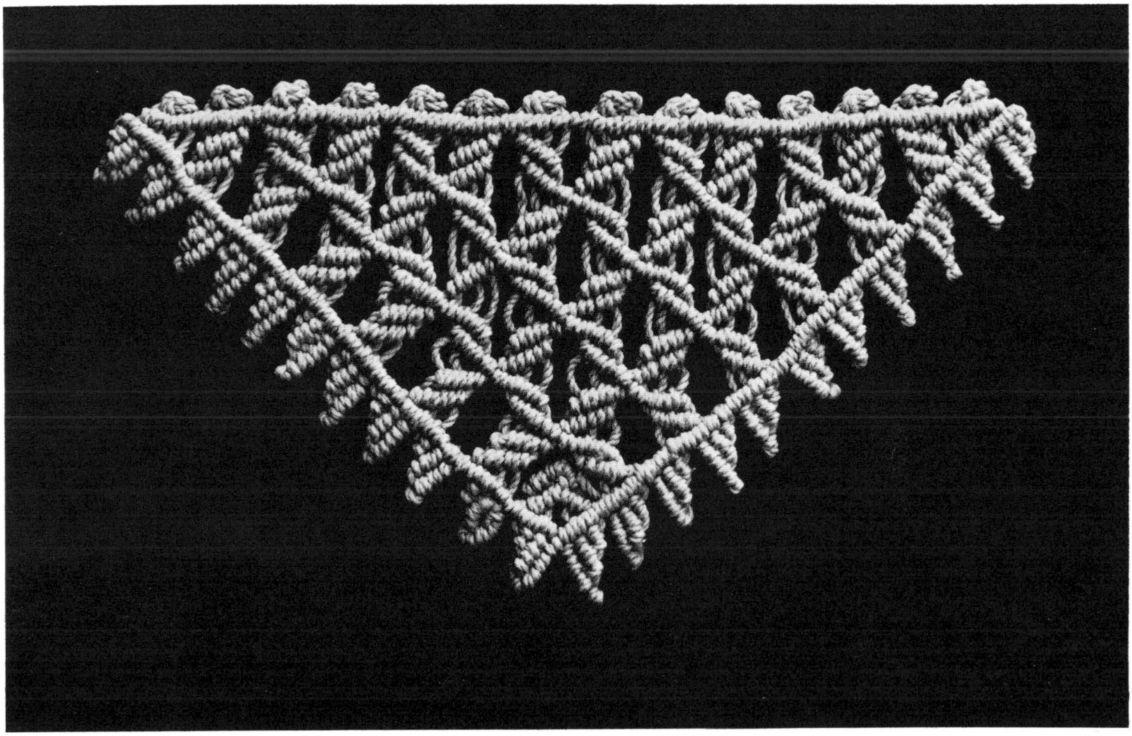

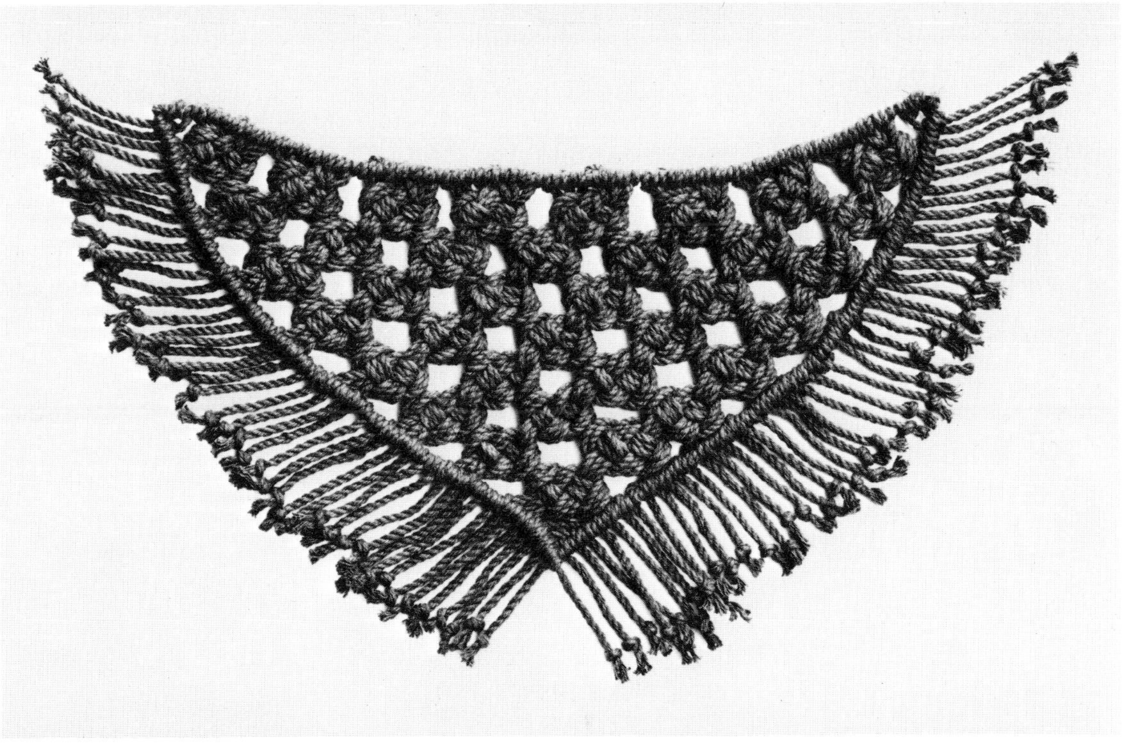

Dreiecktuch

Anschlagbreite: 320 cm
Knüpfhöhe: 160 cm
Material: weiche rote Wolle

Wir schneiden acht Schnüre à 11,5m, diese Wollschnüre werden in der Mitte an die doppelt gelegte Leitschnur mit einem Bogenpicot angeknüpft. Dann folgen auf jeder Seite je

8 × 10,5 m
8 × 9,0 m
8 × 8,0 m
8 × 7,0 m
8 × 6,0 m
8 × 5,0 m
8 × 4,0 m
8 × 3,0 m
und zum Schluss 2 × 2,0 m lange Schnüre.

Wir haben also total 140 geschnittene Schnüre anzuknüpfen, das ergibt 280 Knüpfschnüre. Das Dreiecktuch wird im Flachknotenmuster Nr. 1 geknüpft und bereichert durch grosse Josefinenknoten. Wir ersehen aus dem Bild die Anordnung dieser Knoten.

Kleine viereckige Tischdecke
(von der Mitte her gearbeitet)
Breite: 60 cm
Länge: 60 cm
Material: taubengraues Leinengarn

Diese Arbeit beginnt mit dem Karoknoten in der Mitte, dann folgt das vierblättrige Blumenmuster wie bei der Lampe auf Seite 157. Die Ecken zwischen den Blumenblättern werden mit einer Rippentour abgeschlossen. Mit kleinen Kettenknotenstäbchen in den vier Ecken und Flachknoten bei den Blattenden hat die Arbeit wieder eine regelmässige Quadratform erhalten. Diese wird durch eine doppelte Rippentour eingerahmt. Von allen vier Seiten wird ein Dreieck geknüpft im Flachknotenmuster Nr. 1. Nun wird die Arbeit nochmals mit einer doppelten Rippentour umknüpft. Den Abschluss bildet eine Bordüre im vierblättrigen Blumenmuster.

2. Knüpfen im Viereck
(von der Arbeitsmitte her)

Bevor wir zum eigentlichen Viereck- und Rundknüpfen von der Arbeitsmitte her kommen, müssen wir uns mit dem Einsetzen der Schnüre befassen. Bei diesen Arbeiten sind immer wieder neue Schnüre einzusetzen; dies ist aber gar nicht so schwer, wie es vielleicht zu Beginn den Anschein macht.

Auf dem oberen Bild sehen wir, dass man einfach eine neue Schnur zulegen kann und sie mit einer bereits vorhandenen verknüpft, d. h. einknüpft.

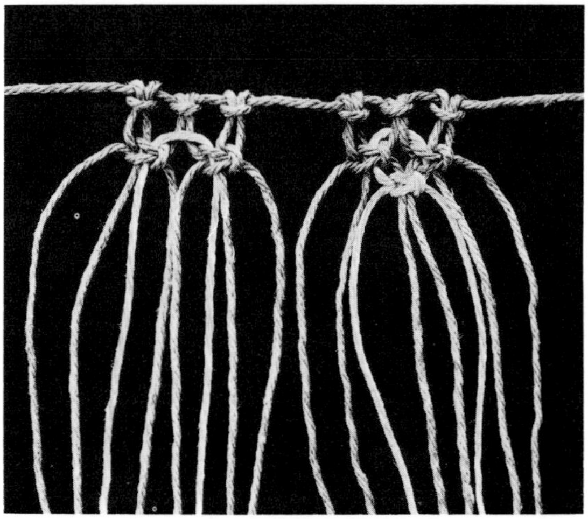

Beim nächsten Beispiel wird von einer neuen Schnur die eine Hälfte für den linken Flachknoten, die andere Hälfte für den rechten Knoten verwendet. Dabei habe ich die neue Schnur vorne über die mittlere der drei angeknüpften Schnüre gespannt; so ist der Lauf der Schnur auf dem Bild gut ersichtlich. Das Musterbigeli rechts im Bild zeigt dasselbe nochmals, nur wurde hier die zugelegte Schnur von einem Knoten zum andern hinter der mittleren Schnur durchgeführt, was eigentlich richtig ist.

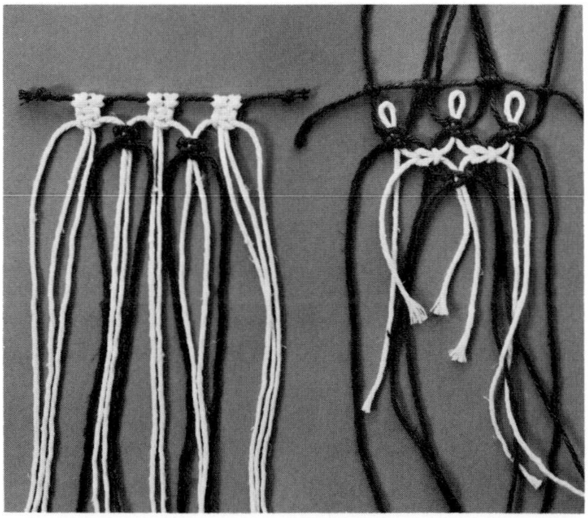

Auf dem unteren Bild sind nochmals zwei Möglichkeiten für das Einsetzen der Schnüre: Links wurden die beiden dunklen Schnüre einfach unter je zwei helle gelegt und dann ein Flachknoten damit geschlungen. Rechts sind die weissen Schnüre zwischen die dunklen gelegt und von denselben umknüpft worden. Beim Versetzen wurden dann mit den hellen die Knoten geschlungen.

Wenn wir eine viereckige Arbeit aus ihrer Mitte heraus gestalten wollen, benötigen wir auf vier Seiten hin Knüpfschnüre. Am einfachsten erreichen wir dies, indem wir mit einer Musterecke anfangen.
Eine Musterecke können wir auf verschiedene Weise knüpfen. Bei der ersten Variante knüpfen wir die entsprechenden Schnüre offen an eine Hilfsleitschnur. Nun knüpfen wir ein Musterdreieck nach Wunsch. Auf dem mittleren Bild besteht das Dreieck aus Flachknoten. Jetzt ziehen wir die Hilfsleitschnur heraus und drehen die Arbeit so, dass die Spitze des Dreiecks von uns wegschaut.

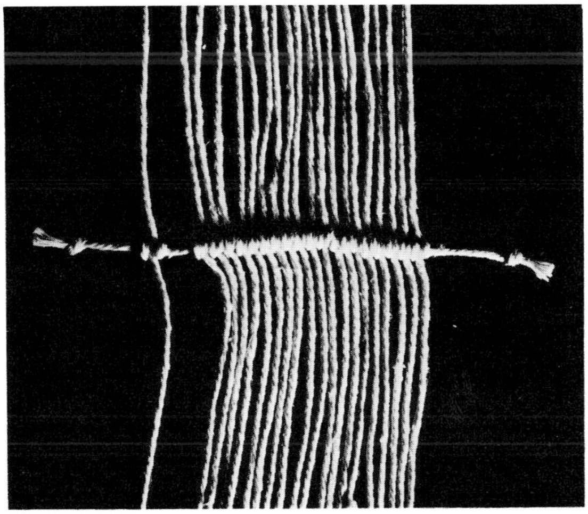

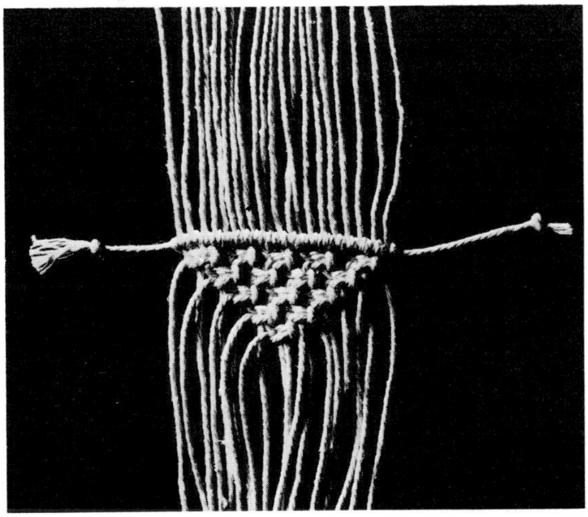

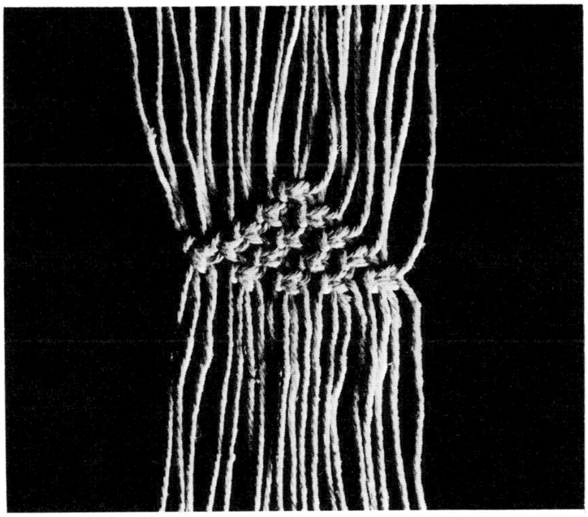

Das Dreieck wird jetzt gegengleich beendet, und schon haben wir die erforderliche Musterecke – und was wichtig ist: die nötigen Knüpfschnüre auf vier Seiten hin!
Nach Beendigung dieser Musterecke können wir die Arbeit wiederum verschieden fortführen: Bei der ersten Variante wird die Musterecke auf allen vier Seiten mit einer Rippentour eingerahmt. Dazu benötigen wir vier neue Leitschnüre. Nun knüpfen wir auf jeder Seite ein neues Dreieck und umknüpfen die Arbeit wieder mit einer oder zwei Rippentouren. Diesen Vorgang können wir beliebig oft wiederholen, je nach der vorgesehenen Grösse unserer Knüpfarbeit.

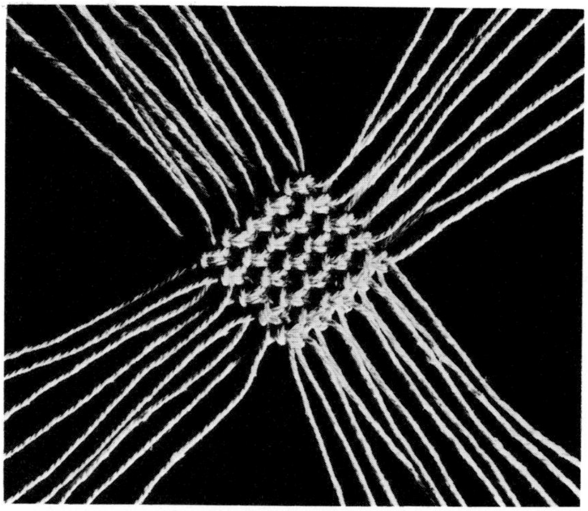

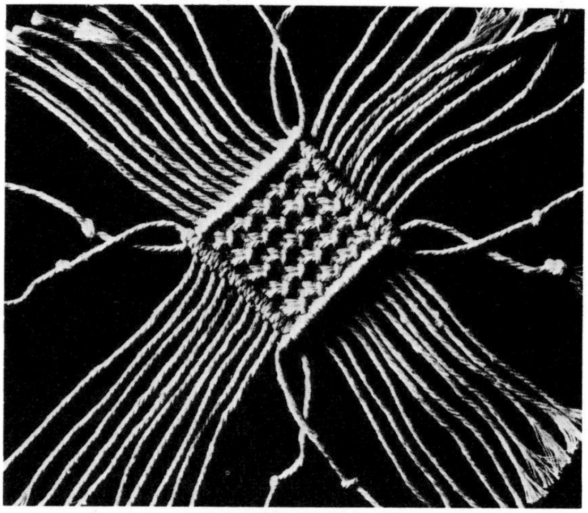

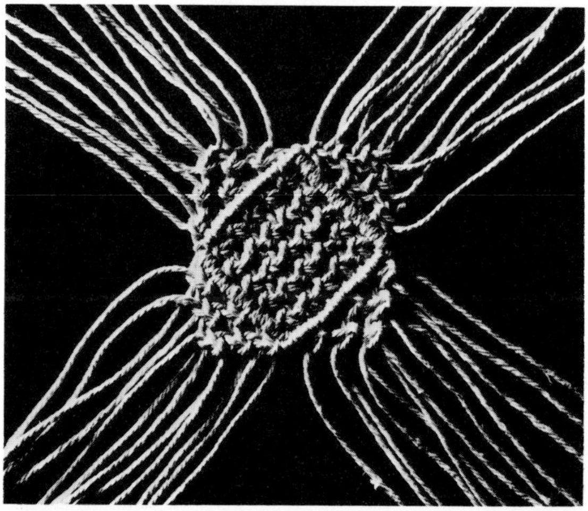

Wichtig: Betrachten wir das Bild rechts etwas genauer, so stellen wir fest, dass die vier zuletzt geknüpften Dreiecke verschieden gross sind. Die Seiten oben und rechts wurden mit den gegebenen Knüpfschnüren gearbeitet. An die Seite unten wurde an beiden Randseiten eine neue Schnur zugesetzt, doch alle drei Ecken sind im Winkel zu klein geraten. Einzig die Seite links hat den erforderlichen Winkel: Hier wurden vier Schnüre neu zugesetzt.
Bei dieser Arbeitsweise müssen wir selber immer wieder kontrollieren, ob die Arbeit noch richtig im Winkel ist und die nötige Weite hat; sonst sind die erforderlichen Schnüre wieder neu zuzusetzen.

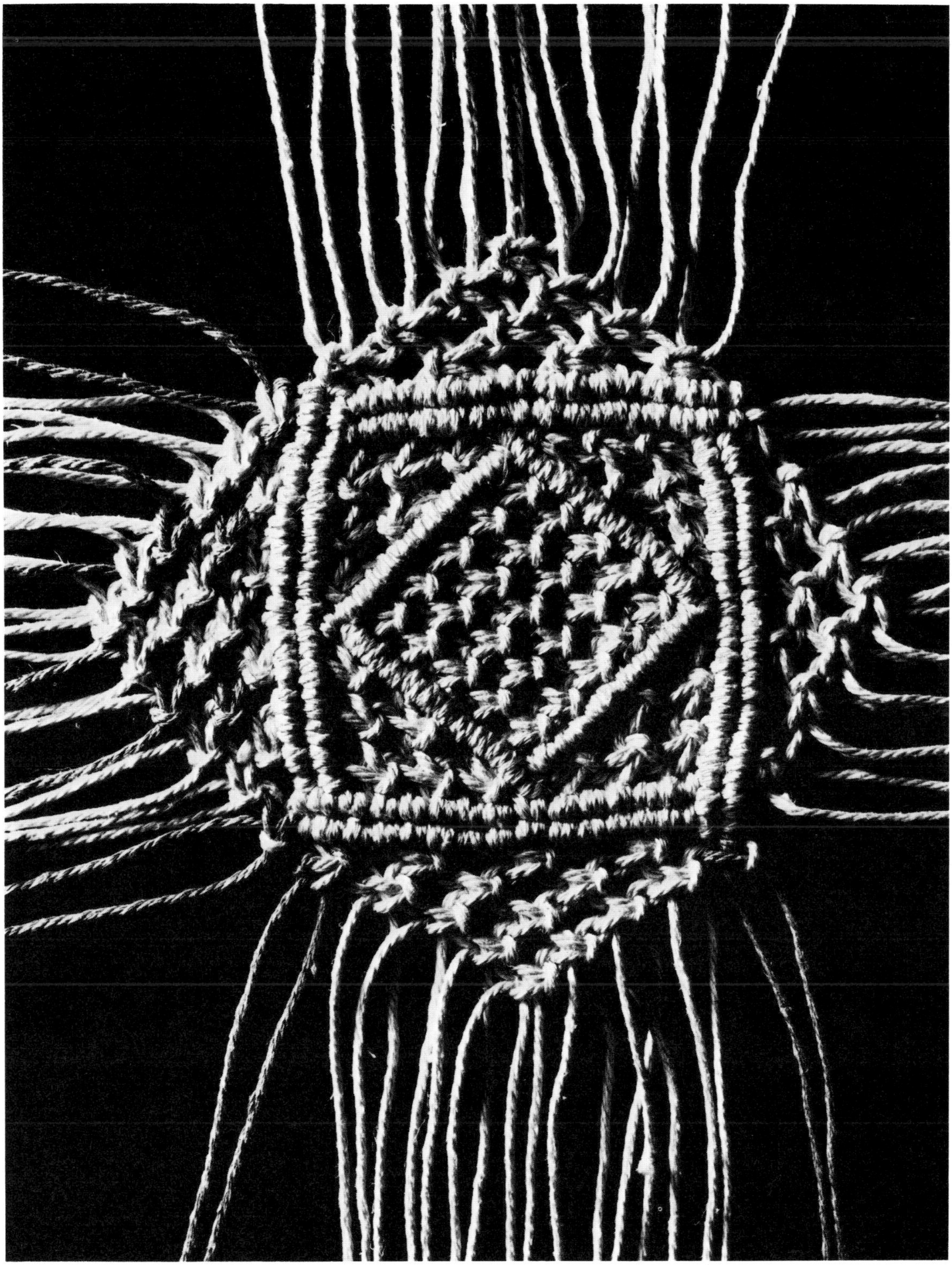

Hier nun die zweite Variante: Im Unterschied zur ersten benötigen wir schon zu Beginn zwei Leitschnüre. An jede dieser Leitschnüre knüpfen wir gleichviele Knüpfschnüre, offen und im Rippenknoten, wie bei der ersten Variante. Nun legen wir die Leitschnüre zu einer Dachspitze (wir können uns das auf einem Kissen oder Pavatexbrett zurechtstecken). Von der Dachspitze her wird das gewünschte Füllmuster angefertigt. Diese Musterecke wird auf allen vier Seiten von einer Rippentour eingefasst, d.h. auf beiden Dachseiten ist die Rippentour bereits durch die Anknüpfreihe gegeben; wir benötigen also nur zwei neue Leitschnüre. Auf dem mittleren Bild links sehen wir die fertige Musterecke, daneben was passiert, wenn wir auf allen Seiten bahnenweise weiterknüpfen: An jeder Ecke entsteht ein Loch, weil dort keine Schnüre vorhanden sind. Also müssen wir bei dieser Variante stets in allen vier Arbeitsecken Schnüre zusetzen und einknüpfen. Ich habe die Erfahrung gemacht, dass das Einsetzen der neuen Schnüre sehr leicht geht, wenn wir in jeder Ecke von den beiden angrenzenden Seiten die jeweils letzte Schnur behalten, diese beiden Schnüre zusammenlegen und an dieselben die erforderlichen neuen Schnüre anknüpfen. Wir sehen das sehr schön bei der noch offengelassenen Ecke auf dem Bild unten links. Betrachten wir auch die übrigen Ecken etwas genauer, so sehen wir anhand dieser wenigen Beispiele, wie vielseitig unsere Möglichkeiten sind.

Ein anderer Vorschlag:
Die neuen Schnüre werden auf einer Seite an die Leitschnüre der beiden Abschlussrippentouren geknüpft und dann mit einem Knüpfmuster über die Innenseite der Arbeit zur angrenzenden anderen Seite hin geführt, wo sie ebenfalls wieder an die Leitschnüre geknüpft werden.

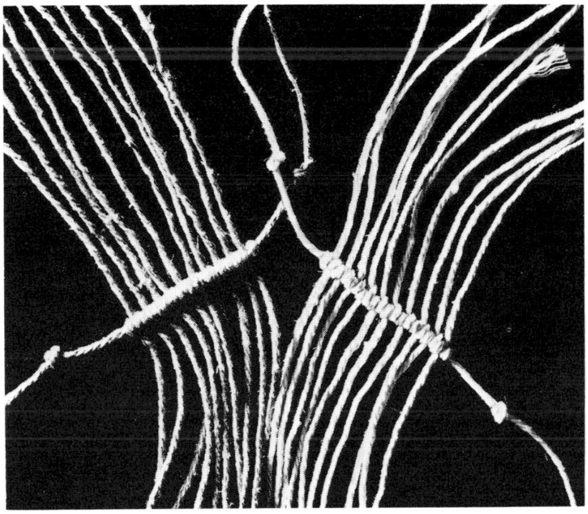

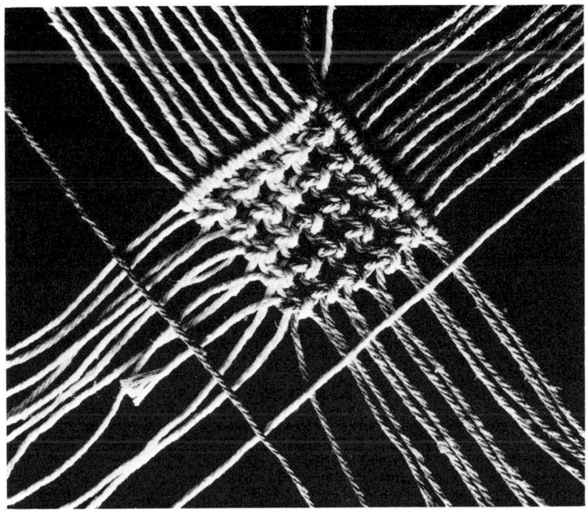

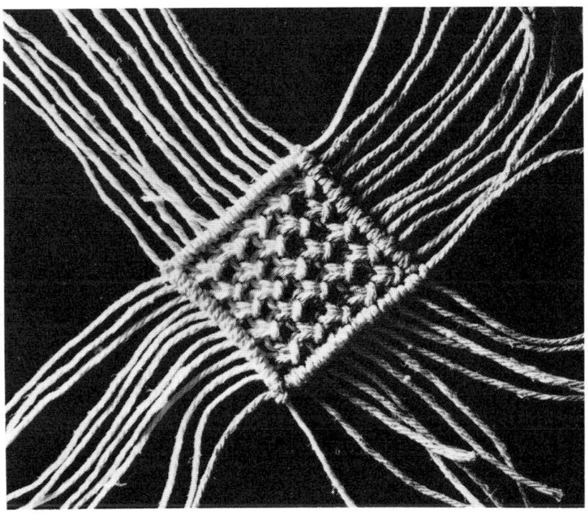

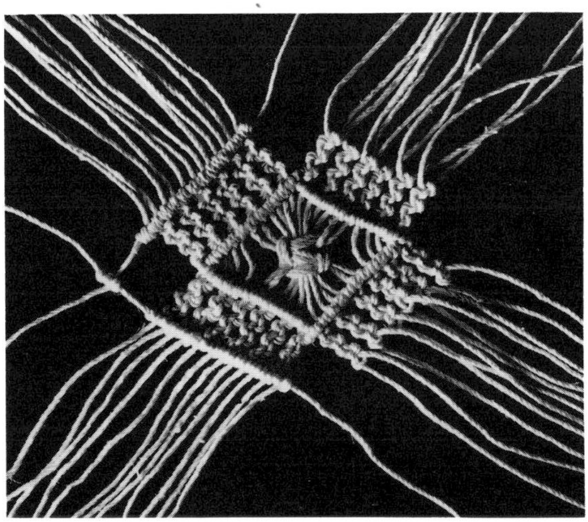

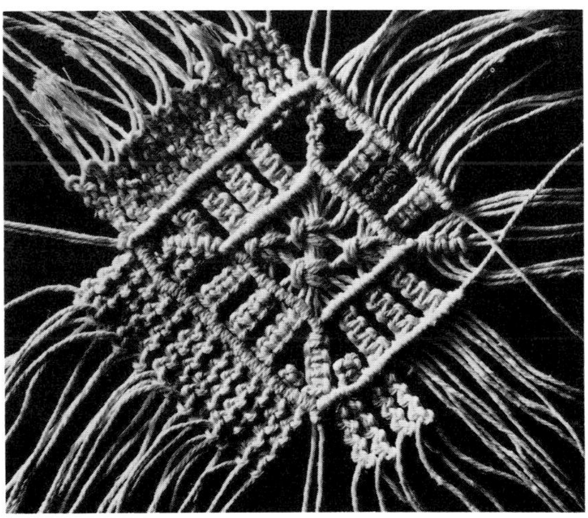

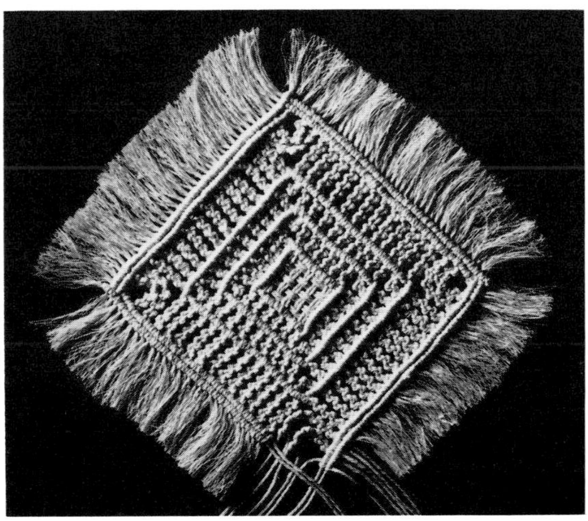

Rotes Kissen

Grösse des Kissens: 35 cm × 35 cm

Material: rote Sportwolle

Beim Berechnen der Schnüre müssen wir die Vorderseite zweimal berechnen, damit die Länge der Wollschnüre auch für die Rückseite des Kissens ausreicht.

Das Kissen wird aus der Mitte heraus gearbeitet. Mit offenem Anschlag wird die Musterecke in Erbsknoten gearbeitet. Dann müssen an allen Eckseiten neue Schnüre zugesetzt werden, damit wir das vierblättrige Muster, bestehend aus waag- und senkrechten Rippenknoten, knüpfen können. Dieses Muster wird mit einer doppelten Rippentour eingefasst. Die dann folgende Bordüre wird in Flachknotenstäbchen und einer versetzten Erbsknotentour gearbeitet. Wieder folgt eine doppelte Rippentour. Nun wird zu jeder Kissenecke hin, im versetzten Flachknotenmuster, ein Dreieck geknüpft. Auf allen vier Seiten folgt eine Rippentour. Die Gestaltung der Rückseite ersehen wir aus dem rechten Bild.

Grünes Kissen
Grösse des Kissens: 30 cm × 30 cm
Material: grüne Sportwolle
Beim Berechnen der Schnüre die Rückseite des Kissens nicht vergessen!
Wir beginnen – mit offenem Anschlag – die Musterecke mit dem gewobenen Füllmuster und knüpfen von jeder Rippentourseite ein Dreieck mit versetzten Flachknoten. Nun folgt

ein Bordürenmuster auf allen vier Seiten. Das Muster beginnt und endet mit einer Rippentour, dazwischen ist ein Stäbchenmuster in Kettenknoten geknüpft. Nun wird im Flachknotenmuster Nr. 1 weitergearbeitet. Auf der Rückseite wird, im selben Muster, von jeder Breitseite her ein Dreieck geknüpft. Dann wird jede Dreieckseite mit zwei Rippentouren eingefasst, wobei in einer diagonalen Reihe die Rippentouren durchgehend gearbeitet werden. Mangels Reissverschluss wurde das Kissen mit unsichtbaren Stichen zusammengenäht.
Bei allen Dreieckmustern müssen Schnüre zugesetzt werden, um den richtigen Winkel zu erhalten.

Blaues Kissen

Grösse des Kissens: 30 cm × 30 cm

Material: blaue Strickwolle

Beginn der Arbeit in der kleinen Musterecke der Kissenmitte. Die Wollschnüre werden offen angeknüpft. Die kleinste Ecke ist mit versetzten Flachknoten gefüllt. Die nächste Umrandung besteht aus Flachknotenbigeli zu je zwei Flachknoten. Nun folgt zum zweitenmal eine Rippentour auf allen vier Seiten. Jetzt wird ein Bordürenmuster in Kettenknoten geknüpft, dann folgt die dritte Rippentourumrandung. Und anschliessend wird das Muster in kürzeren und längeren Flachknotenstäbli weitergeführt, wobei die kürzeren Stäbchen versetzt zu den längeren gearbeitet sind.

Weil ich hier die Wollschnüre nur für die Vorderseite berechnet habe, reichten die Schnüre nur noch, um auf der Rückseite die Ecken zu knüpfen. Das Kissen wurde entsprechend abgefüttert.

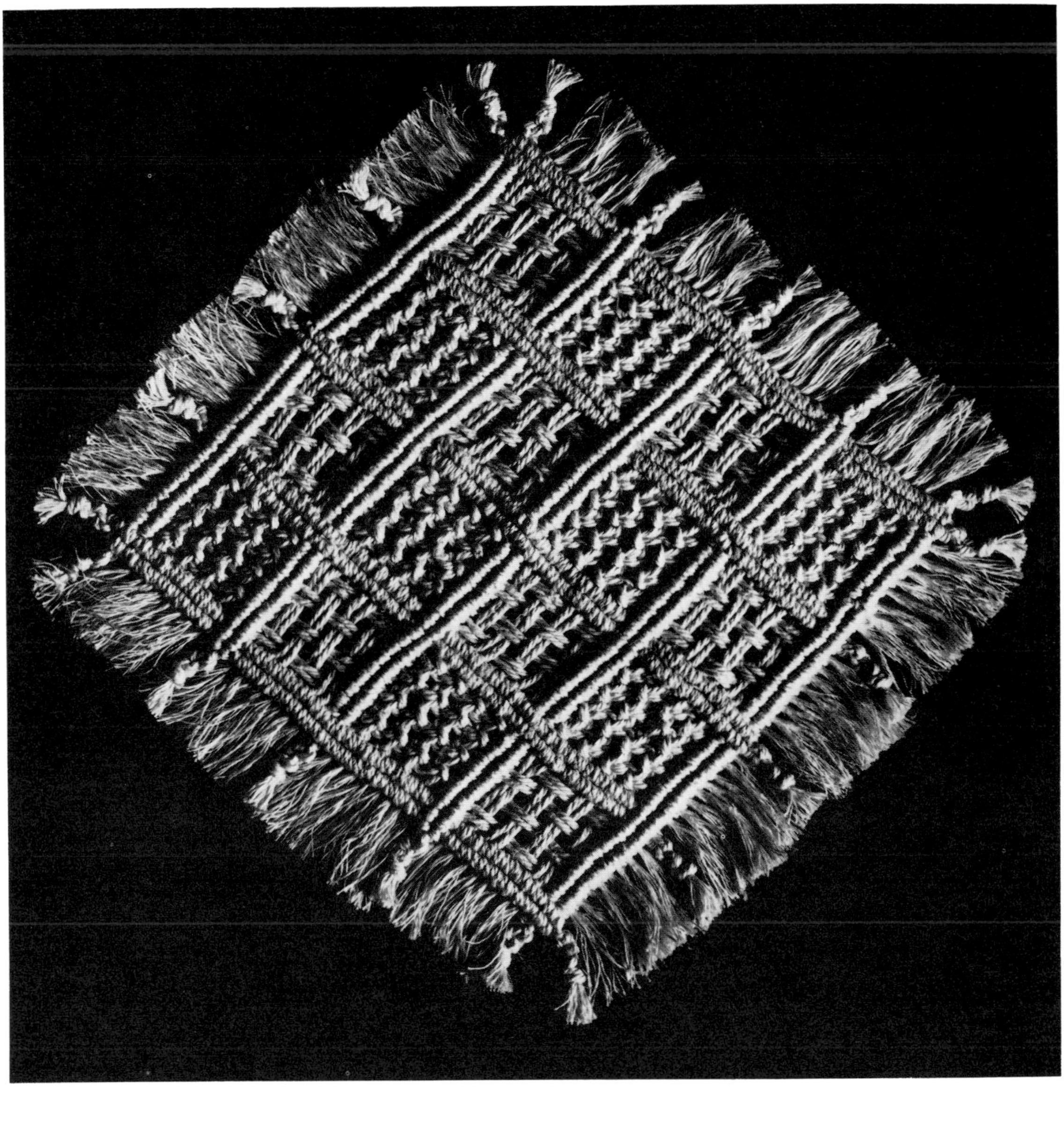

Kleine Zierdecke
Breite: 28 cm
Länge 28 cm
Material: gebeuchtes Leinengarn
Auch diese Arbeit wurde von der Mitte her angefertigt. Sie ist in zwölf kleine Musterecken unterteilt. Diese sind im Wechsel gefüllt, mit einem Webmuster und versetzten Flachknoten. Alle Musterecken sind mit einer zweifachen Rippentour eingefasst.

Viereckiges Deckeli
(von der Mitte her gearbeitet)
Länge 45 cm
Breite: 45 cm
Material: rostbraune Juteschnur

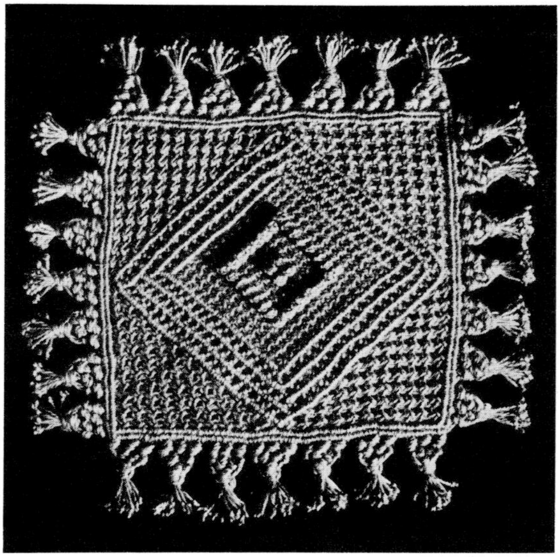

Wir beginnen mit offenem Anschlag. Die kleine Musterecke ist von einer Erbsknotentour eingerahmt. Die Ecke ist mit versetzten Flachknoten gefüllt, wobei in der Eckenmitte vier Erbsknoten eingearbeitet wurden. Nach der Erbsknotentour folgen drei versetzte Flachknotentouren, dann vier Rippentouren, zwischen denen jeweils eine Musterreihe mit einzelnen Rippenknoten eingeknüpft wurde. Abschliessend wird zu jeder Ecke hin ein Dreieck im Flachknotenmuster Nr. 1 gearbeitet. Auf allen vier Seiten wird der Rand mit einer doppelten Rippentour verstärkt. Die Fransen sind mit Abschlingknoten geknüpft.

Einzelne Rippenknoten knüpft man mit zwei Schnüren, wobei die höherstehende zur Knüpfschnur und die tieferliegende zur Leitschnur wird. Wir ziehen also die höherstehende unter die tieferliegende Schnur und knüpfen sie im Rippenknoten fest.

Viereckiges Deckeli
(von der Mitte her gearbeitet)
Breite: 52 cm
Länge: 52 cm
Material: beiges Leinengarn

Die mittlere Musterecke ist nochmals in vier kleine Musterecken unterteilt. Alle Ecken sind mit einer doppelten Rippentour eingefasst und mit einem Flachknotenmuster gefüllt.

Die erste vierseitige Musterbordüre besteht aus Flachknotenstäbchen. Die zweite und vierte sind im Flachknotenmuster Nr. 1 geknüpft, und das dritte Bordürenmuster besteht aus Rosettenstäbchen.

Beachten wir beim dritten Bordürenmuster die Eckengestaltung, so können wir erkennen, dass hier die Flachknoten in Eckrichtung ausgeführt sind.

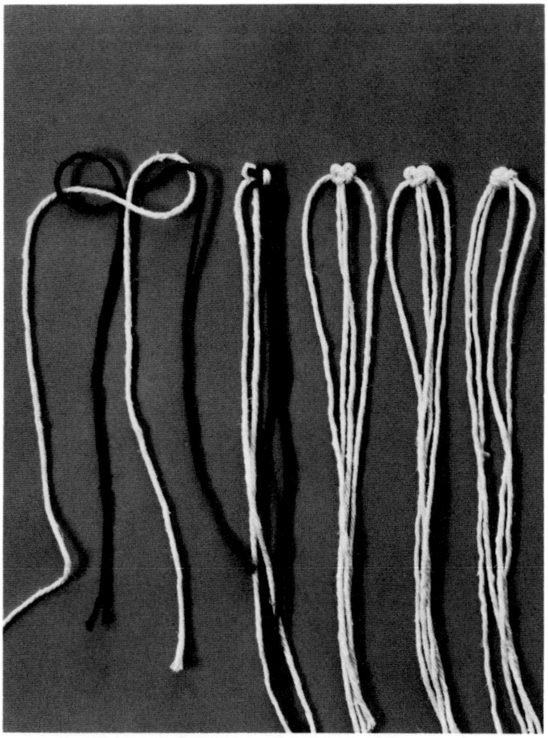

Hier sehen wir, wie bei Rundarbeiten Schnüre zugesetzt werden. Oben liegen bereits geknüpfte Schnurbündchen, die wir bei Bedarf in die Arbeit einsetzen. Links im Bild sehen wir, wie mit zwei neuen Schnüren ein Flachknoten geschlungen wird. Bei den beiden letzten Schnurbündchen, rechts im Bild, wurde ein einfacher Picotknoten geschlungen.

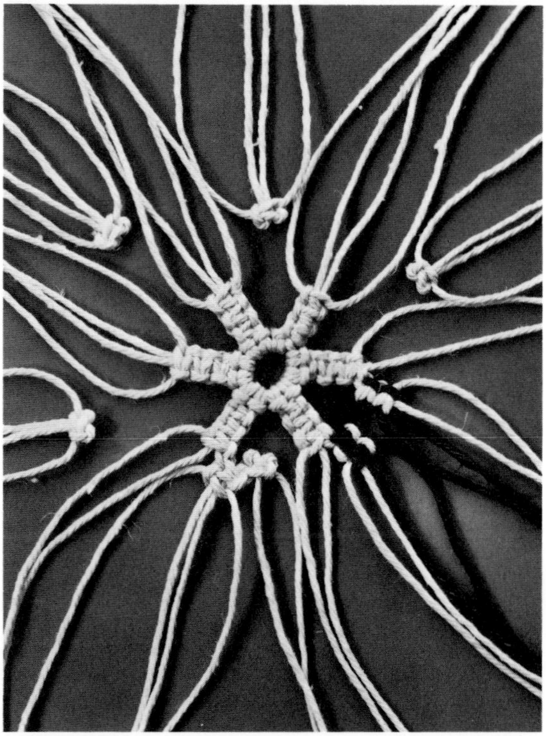

Dieses Bild zeigt, wie die vorbereiteten Schnüre in die Arbeit eingeknüpft werden. Die Bündchen werden zwischen die strahlenförmigen Musterbigeli gelegt und anschliessend mit denselben verbunden.

3. Rundknüpfen

(von der Arbeitsmitte her)

Es ist wirklich leicht, eine rundgeknüpfte Arbeit zu beginnen: Wir nehmen eine doppelt gelegte Leitschnur und knüpfen eine ungerade Zahl Knüpfschnüre daran fest. Nun ziehen wir die beiden Enden der doppelten Leitschnur durch deren Anfangsschlaufe. Die angeknüpften Schnüre schieben wir satt zusammen und ziehen die Leitschnur so fest als möglich zusammen. Schon können wir mit der Rundknüpfarbeit beginnen.

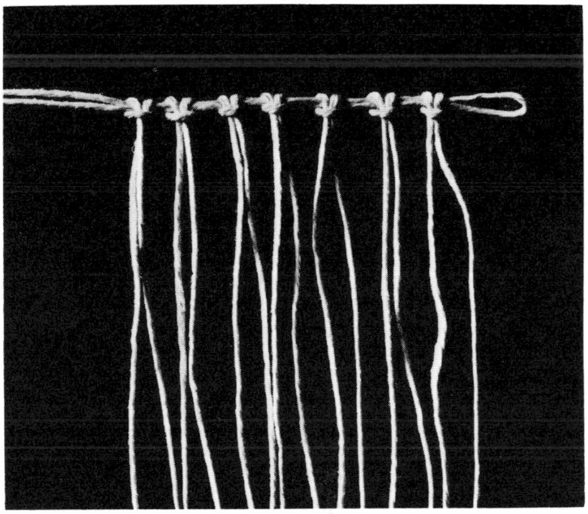

Wir können die vorgesehene Leitschnur auch zu einem Ring legen, die entsprechenden Schnüre anknüpfen, bis auf die letzte, und diese gleichzeitig um beide gekreuzten Enden der Leitschnur knüpfen. Auch hier ziehen wir anschliessend die Leitschnurenden fest zusammen.

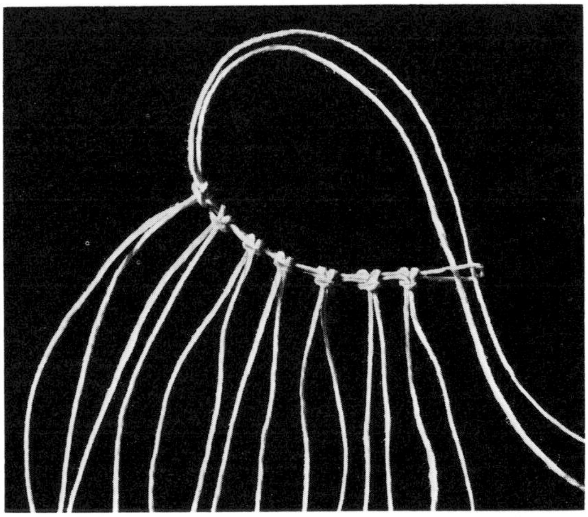

Wiederholen wir: In beiden Fällen wird eine ungerade Schnurzahl angeknüpft. Durch die Leitschnur, die wir nach dem Anschlag in die Knüpfarbeit einbeziehen, erhalten wir von selbst die erforderliche gerade Schnurzahl.

Zum besseren Verständnis möchte ich etwas ergänzen: Wenn wir die Schnüre gewöhnlich anknüpfen – d. h. in ihrer Mitte, so dass wir von einer Schnur zwei Knüpfschnüre erhalten –, haben wir am Schluss immer eine gerade Anzahl Knüpfschnüre, auch wenn wir eine ungerade Anzahl Schnüre anknüpfen.

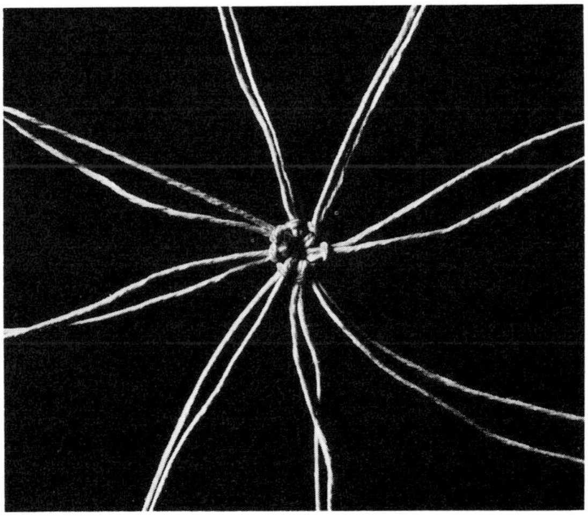

Beispiel: Wir knüpfen sieben Schnüre an einen Stab und erhalten vierzehn Knüpfschnüre; das genügt für ein zweiteiliges

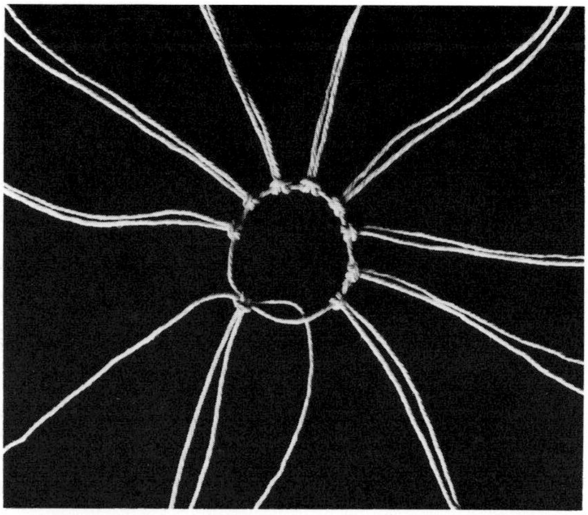

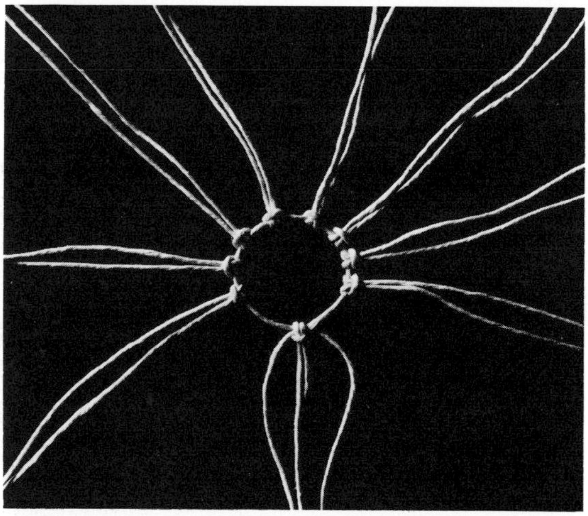

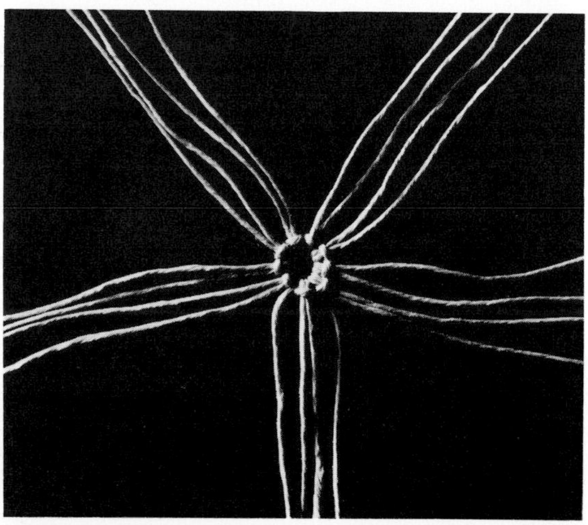

Muster. Wenn wir aber mit je vier Schnüren Flachknoten schlingen, fehlen uns am Schluss zwei Schnüre, d.h. es fehlt eine angeknüpfte Schnur. Deshalb knüpfen wir normalerweise eine gerade Anzahl Schnüre zu Beginn einer Arbeit an.

Beim Rundanschlag bleibt es bei einer ungeraden Zahl, weil die Leitschnur nach dem Anschlag zur Knüpfschnur wird und damit die gerade Schnurzahl wieder gegeben ist.

Nach dem Anschlag teilen wir die Schnüre in Vierergruppen, knüpfen die ersten Stäbchenmuster, und schon müssen neue Schnüre zugesetzt werden (siehe Abbildung Seite 38 unten).

Die folgenden fünf Bilder zeigen noch eine Anzahl Rundanschläge. Wir können beispielsweise einen Josefinen- oder Karoknoten schlingen und die Schnüre dieser Knoten auf allen vier Seiten an eine entsprechende runde Ringschnur knüpfen. Oft ist es aber nötig, dass wir beim Anknüpfen dieser Knotenschnüre an die Ringschnur bereits neue Zusatzschnüre in Abständen dazu knüpfen.

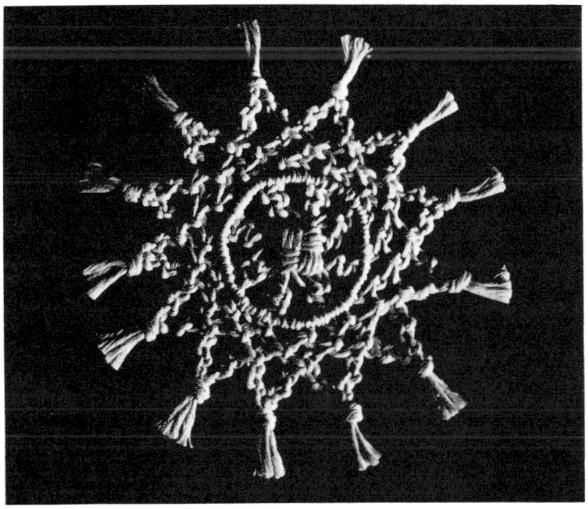

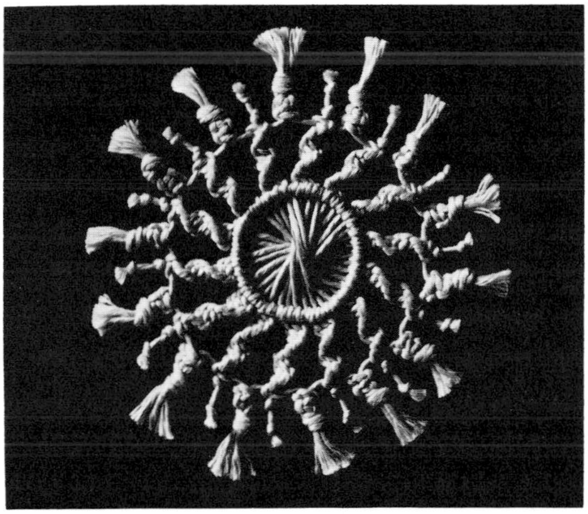

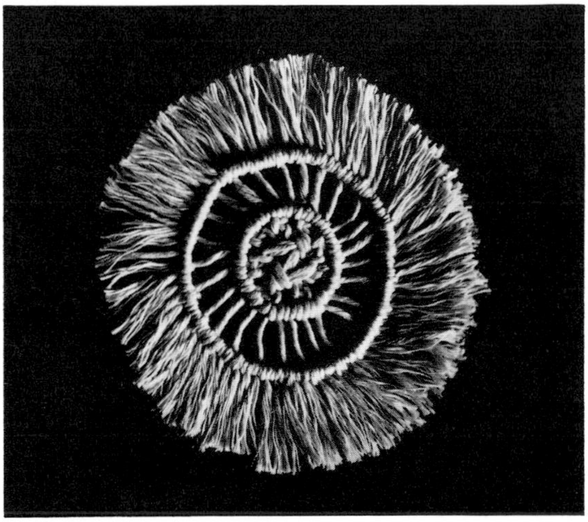

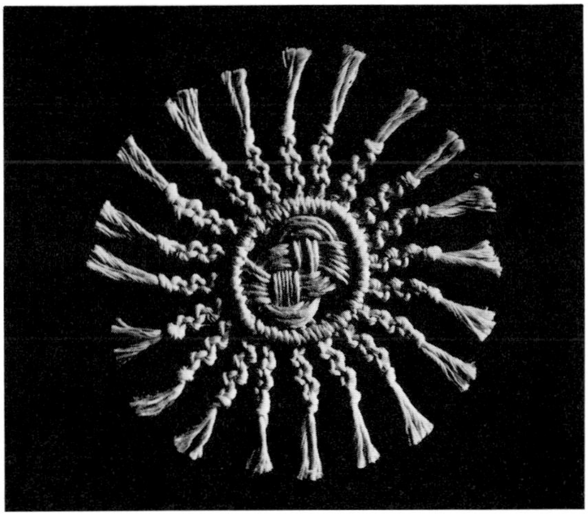

Noch ein weiterer Rundanschlag. Dazu nehmen wir drei Schnüre, messen deren ungefähre Mitte ab und schlingen hier alle drei zu einem losen Knoten zusammen. Nun stecken wir den Knoten auf einem Knüpfkissen fest und schlingen mit zwei Schnüren einen Flachknoten um die mittlere dritte Schnur. Jetzt lösen wir den losen Hilfsknoten wieder und legen die nunmehr sechs Schnüre in gleichmässigen Abständen auseinander. Jetzt nehmen wir eine der Schnüre und schlingen sie um die nächste, und diese wiederum um die folgende usw., bis wir reihum sind. Die letzte der sechs Schnüre müssen wir dann entsprechend in die erste Schnurschlinge einziehen.
Mit je einer neuen Schnur knüpfen wir um die sechs Einzelschnüre je drei Flachknoten. Bei der runden Rippentour knüpfen wir zwischen den Stäbchen mit je drei neuen Schnüren ein Bogenpicot.

Für den sechsfachen Stern haben wir denselben Beginn wie oben links, nur nehmen wir doppelt so viele Schnüre, d.h. zwei für eine; wir knüpfen den Flachknoten also mit sechs Schnüren.
Nun legen wir stets zwei und zwei Schnüre in gleichmässigen Abständen auseinander, so dass wir sechs Strahlen erhalten. An alle sechs Strahlen knüpfen wir je fünf neue Schnüre im Rippenknoten fest, und zwar so, wie es unten deutlich zu sehen ist. Damit erhalten wir je zehn neue Knüpfschnüre zwischen den Strahlen. Mit den beiden äusseren Randschnüren jeder Zehnergruppe knüpfen wir einen Flachknoten um die mittleren acht Schnüre. Anschliessend nehmen wir von den Strahlenschnüren jeweils die rechte, um nach rechts, und die entsprechende linke Schnur, um nach links zu knüpfen. So schliessen wir die Sternzacken. Auf der nächsten Seite sehen wir den fertigen Stern.

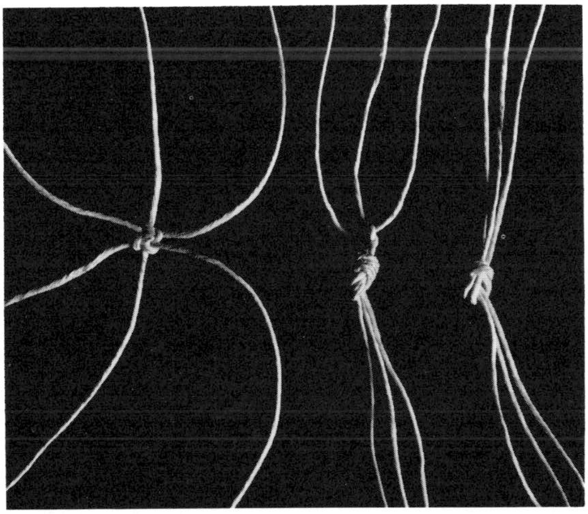

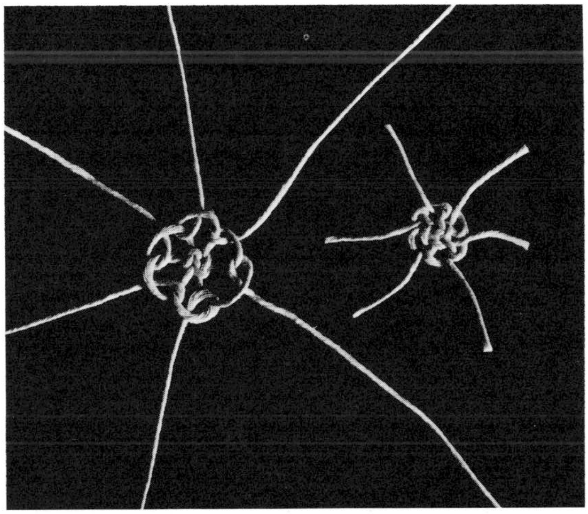

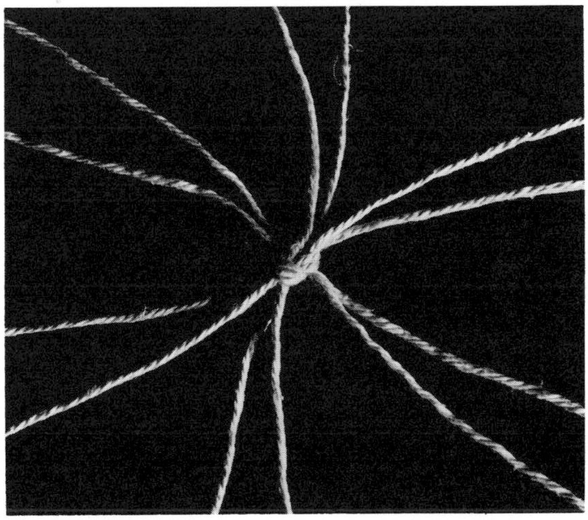

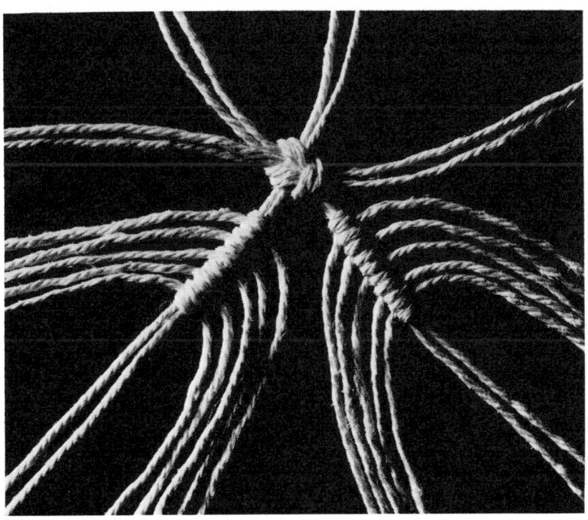

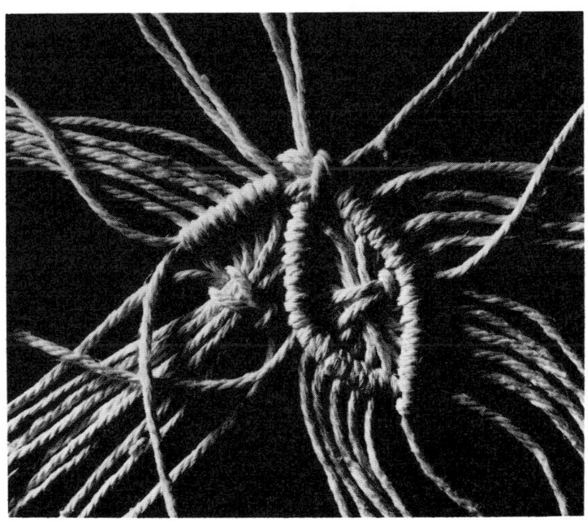

Runde Zierdecke (Bild auf Seite 59)
Durchmesser: 65 cm mit Fransen
Material: feines eierschalenfarbiges Leinengarn
Die Arbeit beginnt mit dem sechsfachen Sternmuster, wie es auf den Seiten 57 und 58 gezeigt wird. Dann werden die Dächlein zwischen je zwei Zackenspitzen mit Flachknoten ausgefüllt, wobei schon neue Schnüre zugesetzt werden. Auch an jeder Zackenspitze wird eine neue Schnur eingeknüpft. Bei den zweiten Sternspitzen, welche mit einer doppelten Rippentour abschliessen, wird nochmals eine neue Schnur zugesetzt.
Beim ersten Kreismusterbeginn erkennen wir sehr gut das Einsetzen neuer Schnüre zwischen den einzelnen Musterbändchen. Jeder dieser Einsatzpicots ist aus zwei Schnüren geschlungen, so dass wir an jeder Einsatzstelle vier neue Knüpfschnüre erhalten. Nach dem Stäbchenmuster mit den Josefinenknoten wird zwischen jedem Flachknotenstäbchen ein neues Schnurbündchen zugesetzt.
Nach den Rosettenstäbchen wird immer nach je zwei Stäbchen ein neues Bündchen eingesetzt. Das Bild rechts zeigt die Rückseite des Sternmusters.
Bei einer solchen Arbeit ist es wichtig, immer wieder zu kontrollieren, ob die nötige Weite vorhanden ist; sonst müssen wir entsprechend mehr Schnüre zusetzen. Wir sollten natürlich auch darauf achten, dass regelmässig gearbeitet wird; nur so ergibt sich die gleichmässige Form. Für viele ist es eine Hilfe, wenn auf ein weiches Pavatexbrett Kreise eingezeichnet werden und die Arbeit mit Stecknadeln entsprechend befestigt wird.

Kleines rundes Zierdeckeli
Durchmesser: 21 cm
Material: feines, écrufarbiges Leinengarn
Der Josefinenknoten in der Mitte ist mit sechzehn, d.h. je acht und acht Schnüren geschlungen. Dieser Knoten wird mit einer runden Rippentour eingefasst, in welche noch zusätzliche Schnüre in gleichmässigen Abständen eingeknüpft werden. Nun werden mit je zwei Schnüren Kettenknotenstäbchen und je fünf Knoten gearbeitet. Dann werden je zwei und zwei Stäbchen zusammengelegt, und es werden mit den vier Schnüren je drei Flachknoten geknüpft. Dann folgt die zweite runde Rippentour. Hier werden, zwischen je zwei Zackenspitzen, zwei neue Schnurbündchen dazu geknüpft. Es folgt eine Runde Flachknotenbigeli mit je drei Knoten, dann eine versetzte Reihe zu je zwei Knoten. Die dritte Tour besteht aus Flachknotenstäbchen zu je fünf Knoten. Für die Abschlusszacken werden nochmals mit je zwei Schnüren vier Kettenknoten geschlungen, dann werden die entsprechenden beiden Teile mit je zwei Flach- und einem Abschlingknoten zur Abschlusszacke verbunden.

Kleine Zierdecke in Sternform

Diese Arbeit kann als Zierdecke oder als Fensterschmuck verwendet werden.

Durchmesser: 26 cm

Material: mittelfeines, écrufarbiges Leinengarn

Mit vierundzwanzig Schnüren, d.h. je zwölf und zwölf, wird ein Karoknoten geschlungen; dieser wird mit einer runden Rippentour eingefasst. Mit je sechs Schnüren werden die langen Strahlen in Rippenknoten gearbeitet. Nun werden die Strahlenschnüre geteilt in zwei Hälften à je drei Schnüre, und zu diesen je drei Schnüren wird je eine neue Schnur zugesetzt. Von den entsprechenden zwei Strahlenseiten werden nun die Strahlenzacken gegengleich geknüpft. Nach fünf Rippenknotenreihen werden die von zwei Seiten zusammenlaufenden Teile miteinander verbunden, was den Endstrahl ergibt. Beim Zusammenschluss der grossen Strahlenzacke werden beidseitig je zwei Schnüre stehengelassen. Mit ihnen werden nachher die kleinen Zwischenzacken gearbeitet.

Geknüpfte Sterne

Diese Sterne wirken sehr dekorativ als Wand- und Fensterschmuck; besonders wenn man zwei bis drei gruppiert, ergibt sich ein hübsches Bild. Sie eignen sich auch sehr gut als Dekoration auf Weihnachtspaketen.

Durchmesser: 18 cm

Material: mittelfeines Leinengarn, weiss, beige und goldgelb

Die Sterne beginnen im Prinzip wie die beiden vorherigen Arbeiten, und aus dem Bild ist gut ersichtlich, wie die Strahlen geknüpft werden.

4. *Spiralenknüpfen* (Farbbild Seite 245)
Beim Knüpfen können wir so manches auf vielerlei Arten machen; das gilt auch für das Spiralenknüpfen.
Wenn wir eine dicke Einlage, d.h. einen Bund Schnüre oder ein Seil, mit halben Flachknoten einknüpfen, erhalten wir eine Spirale.

Sisalspiralen
Länge der Spiralen: 80 cm
Material: rote und grüne Sisalschnur
Beim Spiralenknüpfen müssen die Schnüre viel länger als üblich bemessen werden; eigentlich werden sie doppelt so lang wie gewöhnlich geschnitten. Bei diesem Spiralenknüpfen kommt noch dazu, dass die Aussenrandschnüre einiges länger sein müssen als diejenigen im Spiraleninnenrand.
Für die rechts abgebildeten Spiralen wurden sechs Schnüre zu je neun, zehn, zwölf, dreizehn, vierzehn und sechzehn Meter geschnitten und in dieser Reihenfolge vom Innen- zum Aussenrand hin angeknüpft.
Für die Spiralen mit den Lerchenzäpfchen und Schellenglöcklein sehen wir den Arbeitsbeginn auf dem Bild oben rechts: Alle diese Spiralen haben von oben bis unten dieselbe Leitschnur. Sie wird immer hin und her geführt. Wenn wir die Leitschnur zum Aussenrand führen, leiten wir sie schräg abwärts. Wenn wir die Richtung wechseln und die Schnur zum Innenrand führen, leiten wir sie aufwärts, d.h. die jeweils neue Rippentour sollte am Spiraleninnenrand an die vorherige Rippentour stossen. Dadurch dreht sich dann die Arbeit spiralenartig.
Unten links sehen wir in der Mitte eine Doppelspirale; die beiden Spiralen wurden einzeln geknüpft und anschliessend ineinander gewunden. Dazu muss aber eine der Spiralen gegengleich ausgeführt werden, d.h. wenn bei der einen Spirale die Leitschnur vom Innen- zum Aussenrand von links nach rechts abwärtsführt, muss es bei der andern Spirale gerade umgekehrt sein; sie wird also von rechts nach links abwärts geführt.
Bei der letzten Spirale auf dieser Seite wurde farbige Juteschnur verwendet. Für die letzten beiden Schnüre am Aussenrand wurde eine Kontrastfarbe gewählt, so dass wir einen andersfarbigen Randstreifen erhalten.

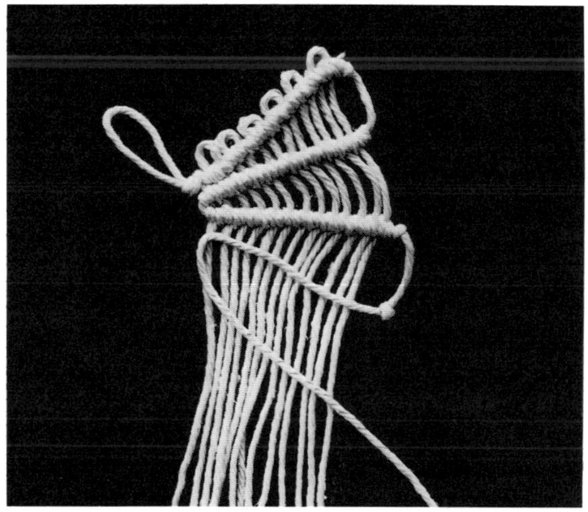

Spirale mit Holzchrälleli
Anschlagbreite: 8 cm
Spiralenlänge: 45 cm
Material: kablierte Schnur, beige

Bei dieser Spirale werden sämtliche angeknüpften Schnüre der Reihe nach zu Leitschnüren. Nach einer ersten waagrechten Rippentour wird die erste angeknüpfte Schnur dieser Reihe zur Leitschnur für die zweite Rippentour. Dieser Vorgang wiederholt sich dann fortlaufend, d. h. für jede neue Rippenreihe nehmen wir die erste angeknüpfte Schnur der vorherigen Tour als Leitschnur. Jede neue Rippentour beginnt direkt unter der letzten und führt dann schräg abwärts zum Aussenrand hin.

Zum Abschluss werden jeweils je zwei Schnüre gleichzeitig als eine Leitschnur umknüpft, und am Schluss der Rippentour wird eine der beiden Leitschnüre weggeschnitten. So haben wir bei jeder nächsten Reihe eine Schnur weniger, und die Spirale läuft allmählich zu einer Spitze aus.

An der äusseren Randseite sind in regelmässigen Abständen rote Holzperlen eingezogen worden.

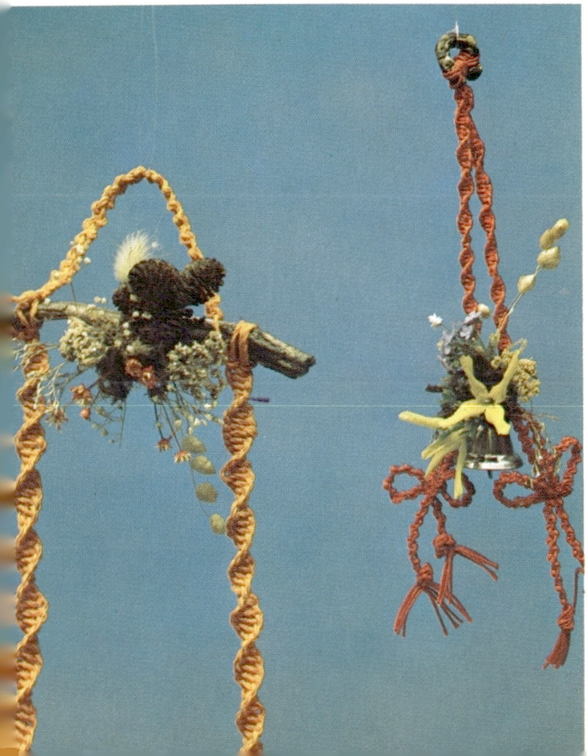

Spiralenknüpfen im Viereck

Spiralenknüpfen im Viereck klingt eigentlich unlogisch, und doch besteht diese Art Spirale aus lauter Vierecken. Ja die Sache ist ganz geometrisch, denn jedes Viereck ist zusätzlich in vier Dreiecke unterteilt! Die Arbeit ist ausschliesslich in Rippenknoten geknüpft, und die Dreiecke werden durch ständigen Richtungswechsel betont. Die Bilder zeigen sehr deutlich, wie diese Knüpfarbeit ausgeführt wird.

Länge der Spirale: 65 cm

Material: eierschalenfarbenes und taubengraues Leinengarn

Für diese Spiralen wurden sechs Schnüre zu je 18 m geschnitten. Wenn wir diese Schnüre in ihrer Mitte angeknüpft haben, wickeln wir mit Vorteil von jedem Schnurende ein Schnurbündchen um die Hand, umwickeln es mit einem Gummibändchen und arbeiten mit diesen Schnurbündchen. So kommen wir schneller vorwärts, als wenn wir jedesmal die langen Schnüre in 4 bis 5 Ansätzen durchziehen müssen.

Tip: Wenn wir das Schnurbündchen von oben nach unten zum Schnurende hin aufwickeln, brauchen wir bei weiterem Schnurbedarf nur an der Knüpfschnur zu ziehen.

Das Bild auf der nächsten Seite oben zeigt den Anschlag und das erste geknüpfte Dreieck. Dann erkennen wir den ersten Richtungswechsel. Bei jedem Richtungswechsel knüpfen wir immer vom äusseren Rand gegen die Spiralenmitte hin. Das mittlere Bild zeigt den Abschluss der Spirale, und darunter wird die zusammengefaltete Spirale gezeigt. Hier erkennen wir genau, dass die Spirale aus lauter Vierecken besteht. Bei den hängenden Spiralen sehen wir, dass bei den beiden Randspiralen die Ecken leicht nach oben gebogen sind, während bei der mittleren Spirale die Ecken nach abwärts zeigen. Alle drei Spiralen wurden auf dieselbe Weise geknüpft, nur wurden sie verschiedenartig aufgehängt. Mit andern Worten: Die Holzvögel wurden in zwei Fällen nachträglich auf der Seite des Arbeitsbeginns befestigt.

Die Spirale in der Bildmitte hängt richtig: Hier wurde der Vogel am Schluss der Arbeit angehängt.

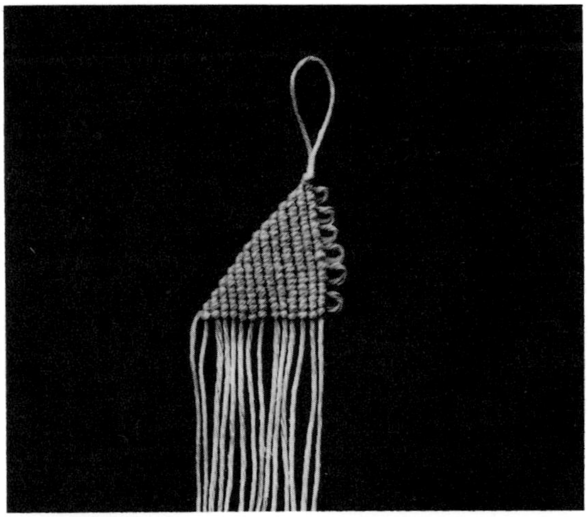

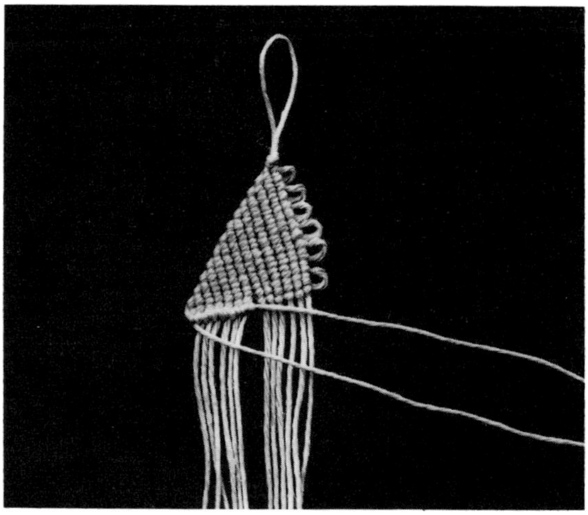

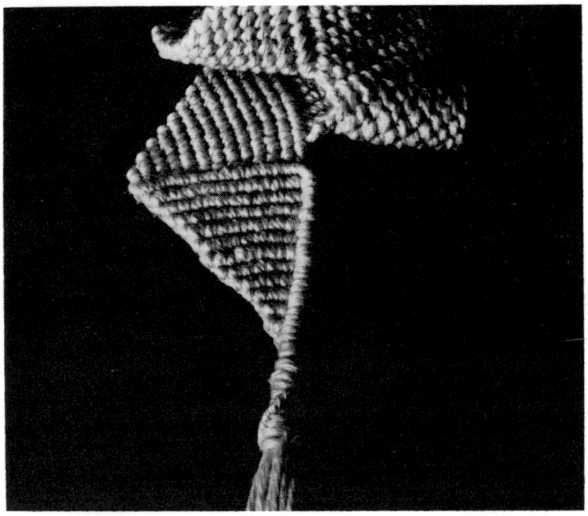

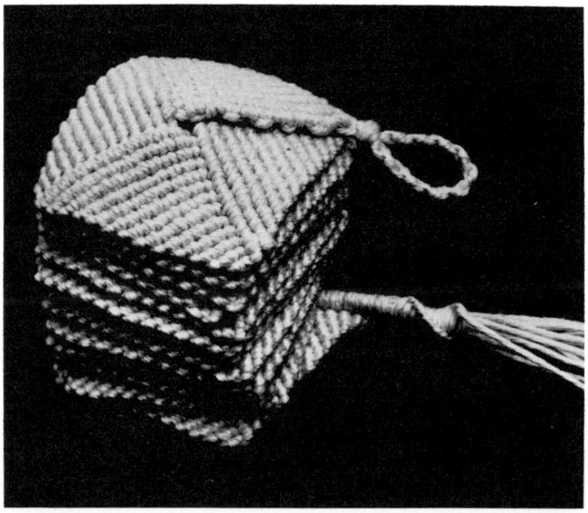

5. Verschiedenes Formenknüpfen

Jetzt kommen wir zu einem Formenknüpfen ganz anderer Art. Die folgenden Arbeiten heben sich von anderen durch Randzacken und Bogenformen ab, oder sie weisen «im Innern» ausgeprägte Musterformen auf.

Allgemein ist zu sagen, dass die meisten der folgenden Zackenmuster auf dieselbe Weise gearbeitet sind. Ob eine Zacke schmal oder breit ist – sie beginnt mit einer waagrechten Rippentour. Für jede neue Reihe wird stets die erste angeknüpfte Schnur der vorherigen Tour wieder zur Leitschnur, und am Schluss jeder neuen waagrechten Reihe wird die vorherige, d.h. die alte Leitschnur, an die neue geknüpft. So knüpfen wir eine Rippenknotenreihe an die andere, bis die obere Hälfte der gewünschten Zacke die richtige Grösse hat. Dann folgt der Richtungswechsel: Dazu wechseln wir die letzte Leitschnur von der einen Hand in die andere und knüpfen mit derselben Schnur die erste Rippentour in entgegengesetzter Richtung. Die zweite Zackenhälfte wird also gegengleich zur ersten ausgeführt.

Auch allfällige Randzacken werden in der Regel gegengleich gearbeitet.

Grosser Musterwandbehang (Farbbild Seite 21).

Im Victoria und Albert Museum in London kommen Liebhaber alter und schöner Handarbeiten voll auf ihre Rechnung. Die Sammlungen grosser und kleiner Textilarbeiten sind hier so umfangreich, dass man Monate, ja vielleicht Jahre brauchen würde, wollte man all die Herrlichkeiten genauer betrachten und studieren. Im Ausstellungsraum Nr. 96 finden wir auch ein paar alte Knüpfarbeiten. Unter anderem ist da ein Mustertuch aus dem Jahr 1749 zu bestaunen: Auf einem Stück Leinenstoff sind 75 kleine mehrfarbige Knüpfmuster aufgenäht, und im letzten Muster ist die oben erwähnte Jahrzahl in der Cavandolitechnik eingeknüpft.

Dieses Mustertuch hat mich so beeindruckt, dass ich mir selber eine derartige Mustervorlage knüpfte. Natürlich sind es nicht dieselben Muster, und ich habe es auch nicht auf dieselbe hohe Musterzahl gebracht. Das Ganze war aber eine gute Übung, und ich habe viel dabei gelernt. Denn was ich hier mit feinem Material in kleinen Versuchen knüpfte, kann ich jederzeit in grössere Arbeiten umsetzen. Sicher würde es sich manchmal lohnen, eine vorgesehene Arbeit zuerst in einem kleinen Versuch zu erproben.

Breite der Stoffunterlage: 55 cm
Höhe der Unterlage 85 cm
Die Breite der Muster variiert zwischen 1–9 cm
Höhe der ungeraden Musterreihen: 15 cm
Höhe der geraden Musterreihen: 9 cm
Für diese Arbeit eignet sich jedes feine Material, wie Perl- und anderes Stickgarn.

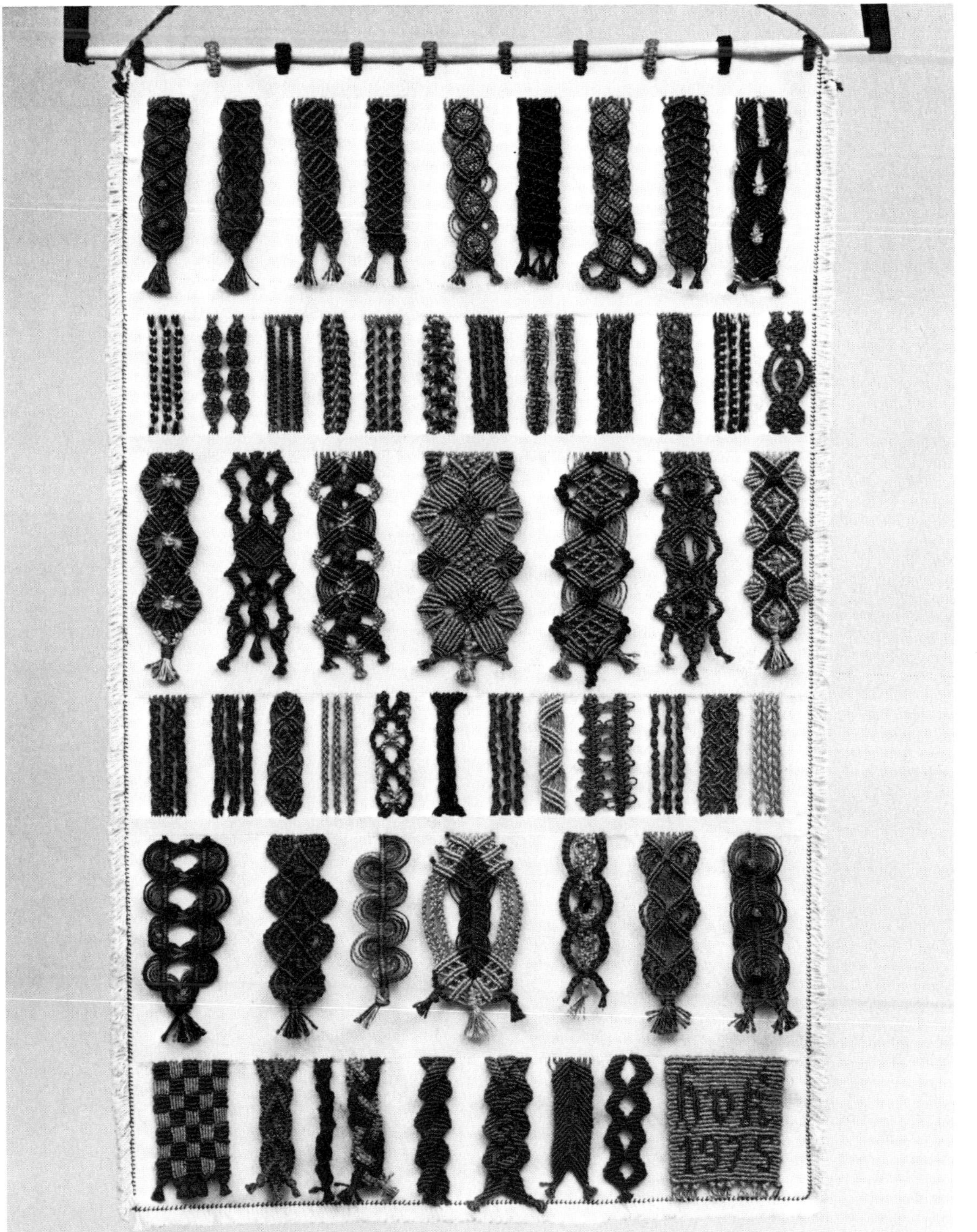

Rechts sehen wir drei Arbeiten, die einander in ihren Musterausführungen ähnlich sind. Alle drei weisen Zackenmuster auf, wie sie auf Seite 76 beschrieben werden. Mit Flachknotenstäbchen, die mit mehr oder weniger Einlageschnüren geknüpft sind, wurden in den Mittelpartien halbrunde und runde Muster gestaltet, wobei die runden Muster durch verschiedene Füllmuster noch betont werden.
Die schmalen Wandbehänge sind 75 cm, 80 cm und 65 cm lang und aus mittelfeinem, beigem und grauem Leinengarn angefertigt.

Dreifarbiger Zackenwandbehang mit Holzglöcklein

Höhe mit Franse: 65 cm
Breite der letzten Zackenecke: 25 cm
Material: hell-mittel und dunkelbraune Jutenschnur
4 dunkelbraune Schnüre à 6 m
4 mittelbraune Schnüre à 6 m
2 hellbraune Schnüre à 6 m
4 hellbraune Schnüre à 3 m
4 kurze Leitschnüre

Eine exakte Beschreibung zu dieser Arbeit würde zu kompliziert und würde eher verwirren als helfen. Doch mit Hilfe der Schnurangaben und mit einer Beschreibung für den Arbeitsbeginn kann sicher ein Versuch vom Bild her gemacht werden.

An den Ring werden sechs Schnüre à 6 m geknüpft. In der Mitte sind es zwei hellbraune und anschliessend auf beide Seiten hin noch je eine mittel- und dunkelbraune. Bei der ersten Rippentour wird eine kurze Leitschnur eingeknüpft. Für die zweite und dritte Rippentour wird jeweils eine dunkelbraune Schnur in ihrer abgemessenen Mitte als Leitschnur verwendet. Diese Schnüre werden dann an beiden Randseiten als Knüpfschnüre weitergeführt. Je eine 6 m lange mittelbraune Schnur wird in eine obere seitliche Zackenhälfte eingesetzt. Auch hier wird die neue Schnur zuerst als Leitschnur und anschliessend als Knüpfschnur benützt, doch weil diese Schnur jeweils nur für eine Arbeitsseite bestimmt ist, muss sie in zwei Etappen eingeknüpft werden. Wir bezeichnen die jeweilige Schnurmitte und umknüpfen die erste Schnurhälfte von dieser Stelle her mit Rippenknoten. Die zweite Schnurhälfte wird in gleicher Richtung, als Leitschnur für die nächste Rippentour, benützt und eingeknüpft. Gleich nach dem Einsetzen dieser Schnüre erfolgt auf beiden Randseiten der Richtungswechsel für die ersten seitlichen Zacken.

Für die grosse Abschlussecke müssen dann noch die restlichen Schnüre eingeknüpft werden.

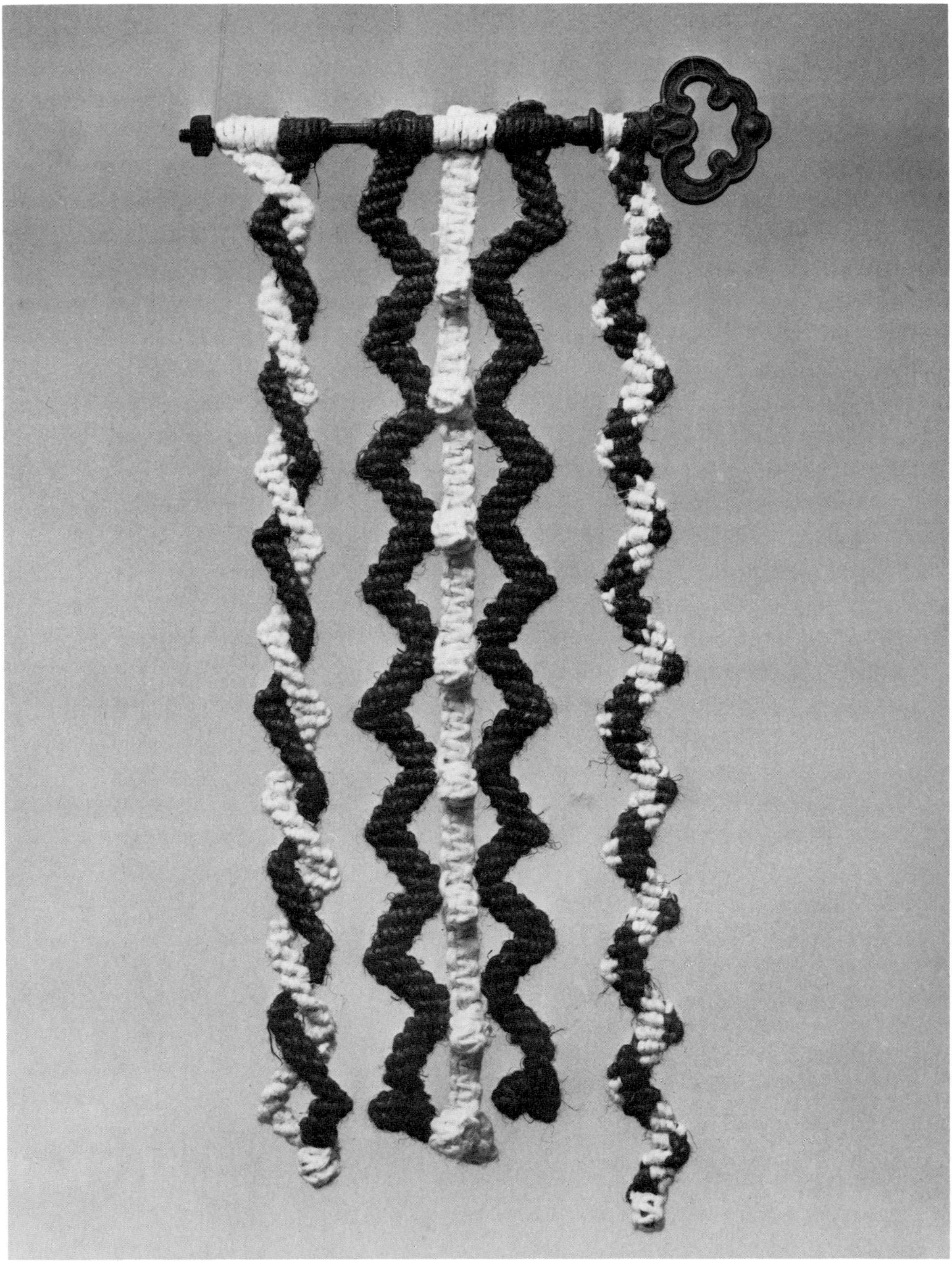

Wandschmuck an Ofenrohrschlüssel
Breite: 17 cm
Höhe: 40 cm
Material: Hanfschnur, weiss und blau
Abgesehen vom weissen Flachknotenband mit den Erbsknoten in der Arbeitsmitte, besteht dieser Wandschmuck aus einzelnen Zickzackbändern, deren Anfertigung auf Seite 76 beschrieben ist.
Beim Band links im Bild sind zwei gegengleich gearbeitete Zackenbänder miteinander verflochten, wobei das eine Band mit weisser, das andere mit blauer Schnur geknüpft wurde.
Beim Mittelteil sind die beiden gegengleich ausgeführten blauen Bänder durch das weisse Flachknotenband miteinander verbunden worden. Das Zackenband auf der rechten Seite wurde mit einer weissen und einer blauen Schnur geknüpft.

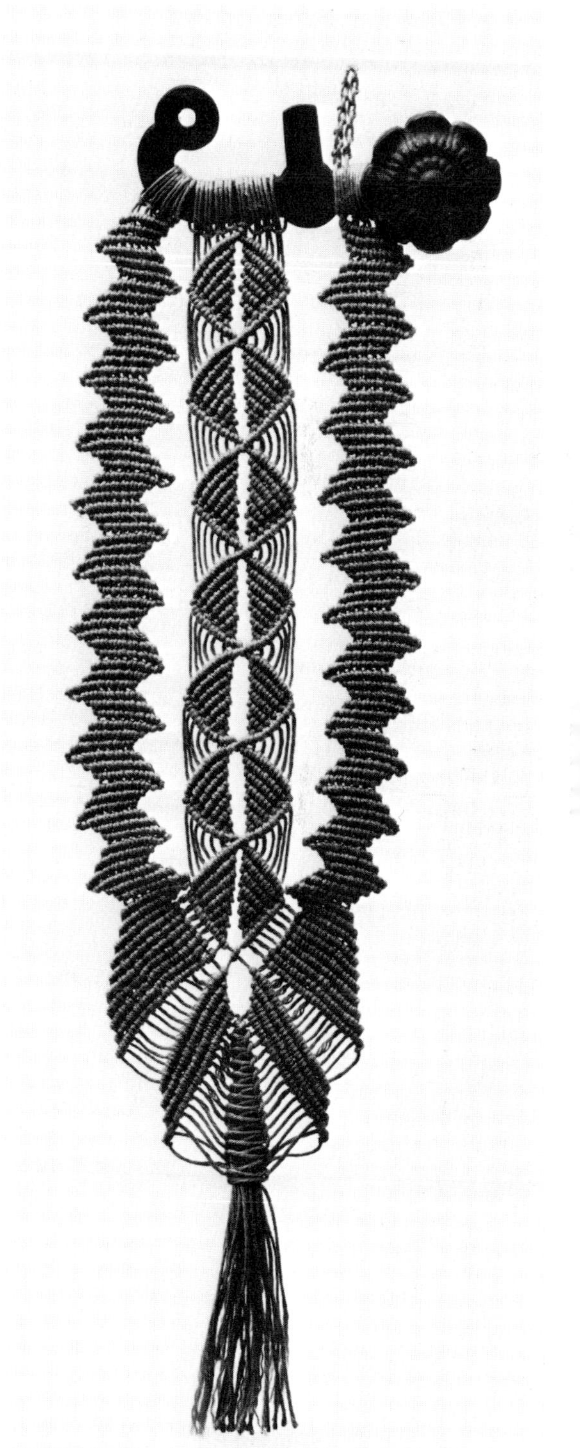

Wandbehang an altem «Ofetörligriff»
Breite: 14 cm
Höhe: 37 cm ohne Fransen
Material: beiges Leinengarn
Der kleine Wandbehang besteht aus drei einzeln geknüpften Musterteilen, die nur durch den Abschluss miteinander verbunden werden. Der mittlere Musterteil besteht aus Musterecken, gefüllt mit Rippenknoten, wobei das Füllmuster auf beiden Eckseiten separat geknüpft ist, d.h. die Musterecke bleibt in ihrer Mitte offen. Die beiden Randbänder werden in Zickzackform in Rippenknoten gearbeitet.

Wandbehang an gedrechseltem Stab

Breite der ersten Rippentour:	30 cm
Höhe mit Franse:	80 cm
15 Sisalschnüre à ca.	750 cm

Diese Arbeit wird eigentlich in drei Bahnen geknüpft, aber durch die waagrechten Rippentouren zu einem Stück verbunden. Auch bei der Musterecke werden die Leitschnüre von der Dachspitze her an die beiden Randseiten geführt. Dadurch werden die drei Arbeitsteile nochmals miteinander verbunden.

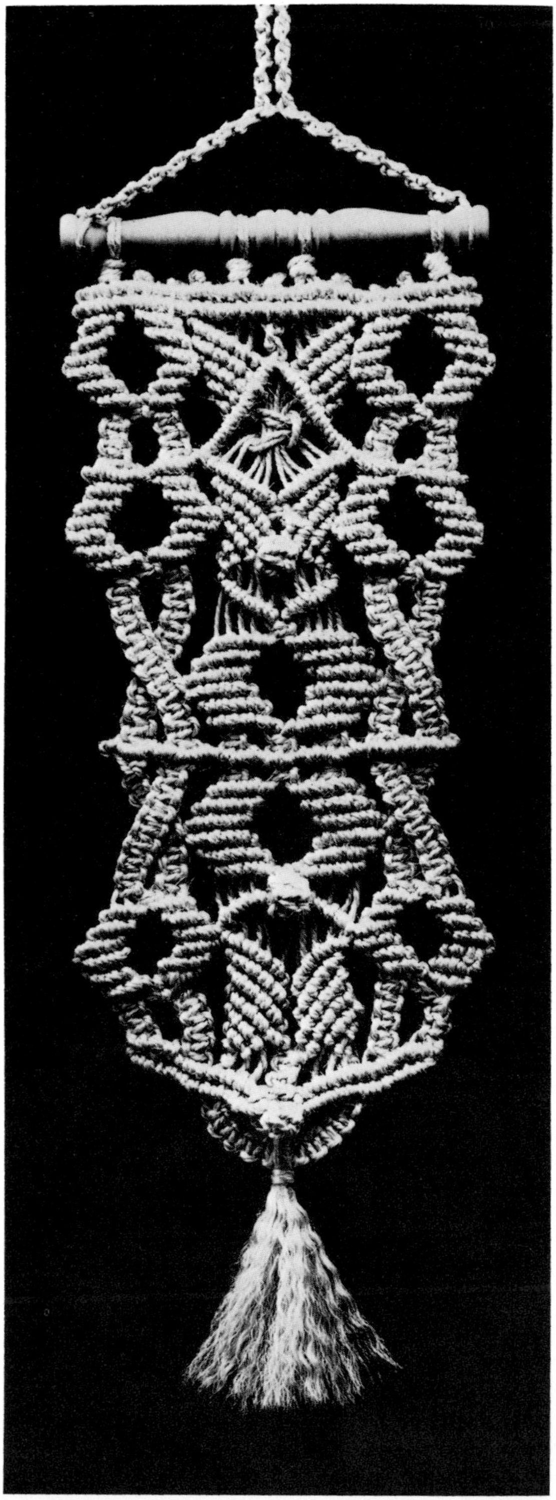

Wandbehang (Abbildung Seite 86)

Stabbreite:	50 cm
Anschlagbreite:	33 cm ohne Randbänder
Fertige Höhe:	90 cm, mit der längsten Franse gemessen
Länge der Randbänder:	75 cm
Material:	naturfarbige Sisalschnur
Anschlag:	28 Schnüre à ca. 750 cm

Zwei Rippentouren

Stäbchen zu je neun Flachknoten werden über vier gespannte Schnüre gekreuzt und in die nächsten beiden Rippentouren geknüpft. Dazwischen werden vier lange Holzperlen über je zwei Schnüre gezogen, die ebenfalls in die beiden Rippentouren eingeknüpft werden.

Zickzackmuster über je acht Schnüre arbeiten

Eine Rippentour

Breites gegengleiches Zackenmuster mit einem vierblättrigen Blumenmuster in der Mitte.

Eine Rippentour

Zickzackmuster wiederholen

Zwei Rippentouren

Zweimal Stäbchenmuster zu je zwölf halben Flachknoten, dazwischen eine versetzte Musterreihe mit zwei Flachknoten.

Zwei Rippentouren

Vier Musterecken gefüllt mit breitem Flachknoten. Die aneinanderstossenden Dächliseiten sind mit einem Erbsknoten verbunden.

Zwei Rippentouren

Zweifache Schrägbigeli über je vier Schnüre

Zwei Rippentouren

Der Abschluss wird mit Rosettenmustern gestaltet. Das mittlere Band ist mit sechzehn, die beiden nächsten sind mit je zwölf und die beiden letzten mit je acht Schnüren geknüpft.

Die beiden langen Randbänder sind mit je vier Schnüren um zwei Einlageschnüre gearbeitet.

Achten wir auch auf die hübsche Aufhängevorrichtung!

Wandschmuck an Hufeisen
Breite: 14 cm
Höhe: 50 cm ohne Fransen
Material: grünes Knüpfgarn
6 Schnüre à 6 m und 12 Schnüre à 3 m

Diese Arbeit beginnen wir, indem wir zuerst zwei einzelne, gegengleich ausgeführte Blumenblätter knüpfen. Dann werden diese beiden Einzelteile entsprechend nebeneinander gelegt, damit im Anschluss die Arbeit über die ganze Breite weitergeführt werden kann.

Die zwölf kürzeren Schnüre werden offen angeknüpft, und die sechs langen Schnüre werden normal in ihrer Mitte angeknüpft, so dass wir ebenfalls zwölf Knüpfschnüre damit erhalten.

Wir nehmen eine erste 3 m lange Schnur, lassen auf der rechten Seite ca. 30 cm vorstehen und knüpfen von da an drei lange Schnüre im Rippenknoten fest. Nun wird die zweite kurze Schnur als Leitschnur von den Anschlagschnüren im Rippenknoten umknüpft. Mit zwei weiteren 3 m langen Schnüren knüpfen wir je eine senkrechte Rippenknotenreihe um die Anschlagschnüre. Abschliessend werden nochmals zwei kurze Leitschnüre mit waagrechten Rippenknoten eingeknüpft. Wir achten darauf, dass von allen kurzen Schnüren auf der rechten Randseite je ca. 30 cm vorstehen.

Nun arbeiten wir mit den restlichen Schnüren einen gegengleichen Musterteil. Hier müssen die 30 cm langen Schnurenden auf der linken Musterseite vorstehen.

Diese vorstehenden Schnurenden auf beiden Seiten werden später an das Hufeisen angeknüpft. Das heisst die Arbeit wird damit am Hufeisen befestigt.
Wenn wir das Muster genau betrachten, sehen wir, dass es sich um ein vierblättriges Blumenmuster handelt, in dessen Mitte ein Flachknoten eingearbeitet ist. Wir finden ein ähnliches Blumenmuster im Ausschnitt auf Seite 174, nur weisen die Blätter dort in die entgegengesetzte Richtung.
Zwischen den einzelnen Blumenmustern ist ein eckenförmiges Schrägbigelimuster in Rippenknoten geknüpft. Je zwei Randschnüre werden mit den jeweiligen Blattschnüren in senkrechten Rippenknoten umknüpft. Mit diesen Blattschnüren wird auf der äusseren Randseite ein Randzackenmuster ausgeführt.

Das Kirchenfenster
Breite: 14 cm
Höhe: 37 cm ohne Fransen
Material: rohweisse Kunstseidenkordel
Die Arbeit beginnt mit zwei Rippentouren, zwischen denen ein Bordürenmuster eingeknüpft ist. Jedes Musterbigeli dieses Bordürenmusters ist mit vier Schnüren gearbeitet. Zuerst werden mit je zwei Schnüren zwei gegengleiche einzelne Rippenknoten geschlungen, dann werden die beiden Knoten durch einen Flachknoten miteinander verbunden. Anschliessend werden nochmals zwei einzelne Rippenknoten gearbeitet, die gegengleich zu den ersten beiden ausgeführt sind.
Das Feldmuster beidseits des Fensterbogens ist in senkrechten Rippenknoten geknüpft, wobei aber nur an jede zweite Schnur ein Knoten geschlungen wird. Der Fensterbogen besteht aus zwei Rippentouren, zwischen die einzelne Rippenknoten gearbeitet sind. Das Füllmuster im Bogen ist ein breiter Flachknoten, der mit je zwei und zwei Schnüren ausgeführt wurde.
Nach der Rippentour unter dem Fensterbogen folgt wieder das Bordürenmuster, das in versetzter Form bis zur Abschlussbordüre geknüpft wird. Die beiden Fensterrahmenmuster werden separat gearbeitet und liegen lose auf dem Grundmuster. Für jeden Rahmenmusterteil wurden bei der Rippentour unter dem Fensterbogen je vier Schnüre stehengelassen.
Die kleine Bordüre zu Beginn des Abschlussmusters ist mit zwei Rippentouren – zwischen die eine senkrechte Rippenknotenreihe geknüpft ist – gestaltet worden. Dann folgen Spiralenstäbchen mit halben Flachknoten; abschliessend nochmals eine Rippentour.

Zweifarbige Wandbehänge

		links	rechts
Breite:		30 cm bei einer Zacke	20 cm
Höhe:		80 cm ohne Franse	70 cm ohne Franse
Material:	Sisalschnur,	rot und blau	gelb und blau
		10 rote Schnüre à ca. 11 m	6 gelbe Schnüre à 7,5 m
		6 blaue Schnüre à ca. 11 m	4 blaue Schnüre à 9,0 m
			3 blaue Schnüre à 7,5 m

Wandbehang links: Aus dem Bild ist gut ersichtlich, wie die Schnüre angeknüpft werden. Mit den blauen Schnüren knüpfen wir das Schrägbigelifüllmuster im Zackenmuster, ferner die senkrechten Rippenknotenreihen und das anschliessende Randbogenmuster.
Mit den roten Schnüren werden die Josefinenknoten und das Zackenmuster geknüpft. Die Detailaufnahme auf Seite 92 lässt erkennen, wie die einzelnen Zacken gearbeitet sind.
Wandbehang rechts: Die drei blauen 7,5 m langen Schnüre werden in der Mitte an den Stab geknüpft; dann folgen auf beiden Seiten je zwei blaue Schnüre à 9 m und schliesslich je drei gelbe Schnüre. Mit den blauen Schnüren werden die grossen Muster ausgeführt, und mit den länger geschnittenen Schnüren werden zusätzlich die Sustenknoten in den gelben Bogenmustern geschlungen. Das gelbe Füllmuster in den blauen Mustern besteht aus diagonalen Schrägbigelireihen. Auch hier zeigt uns die Detailaufnahme auf Seite 92 den Musterablauf sehr deutlich.

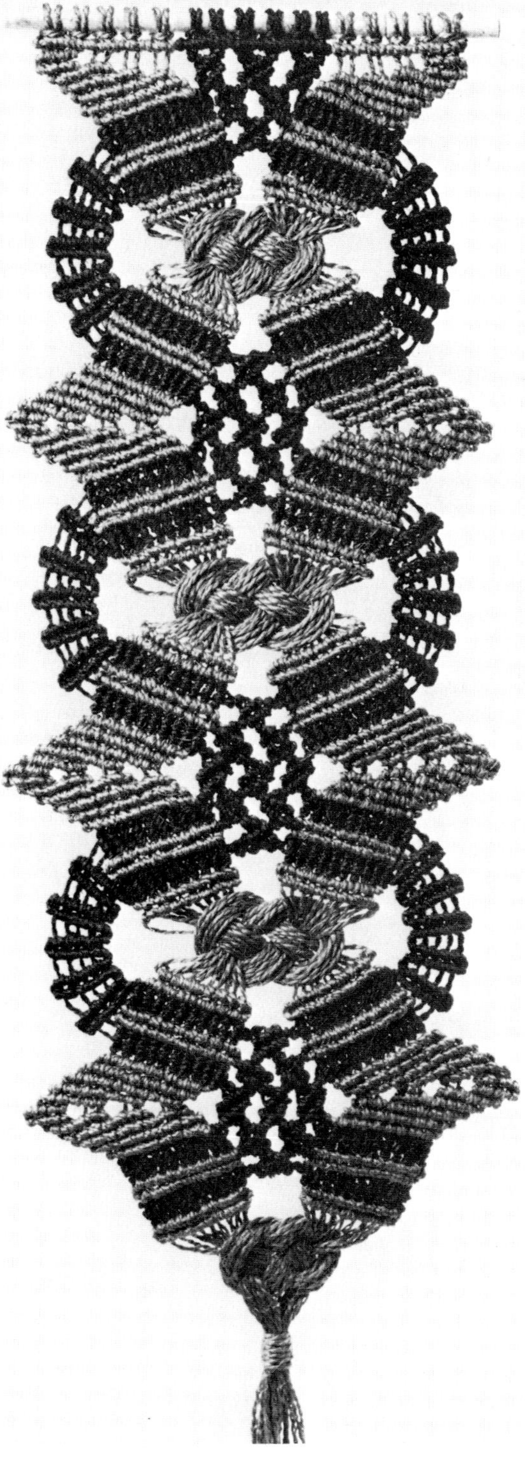

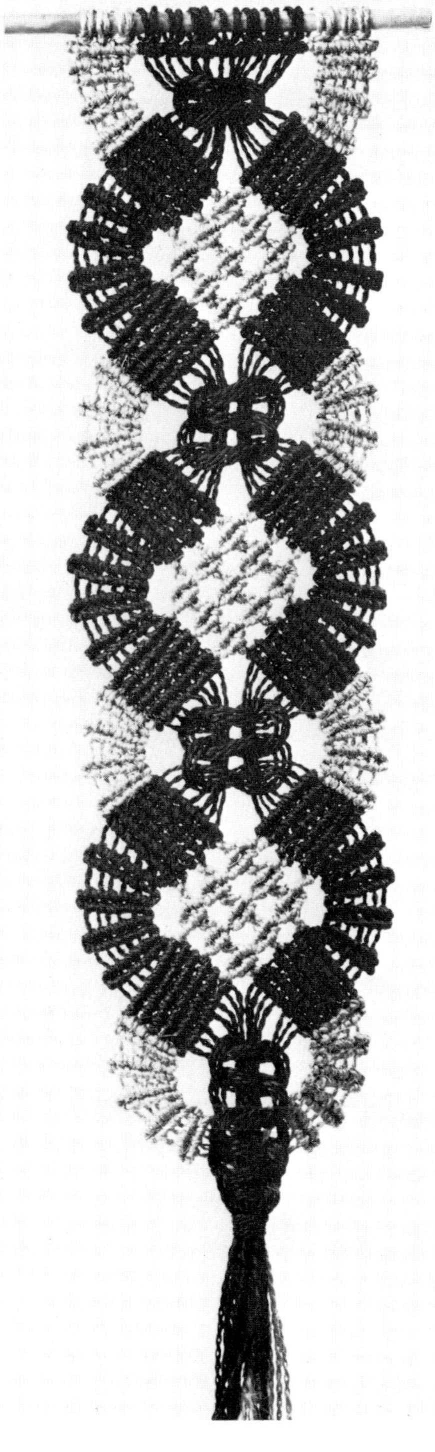

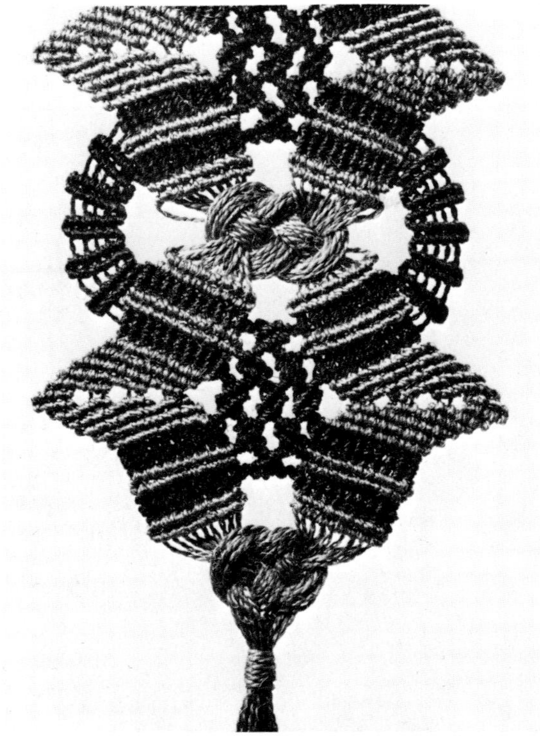

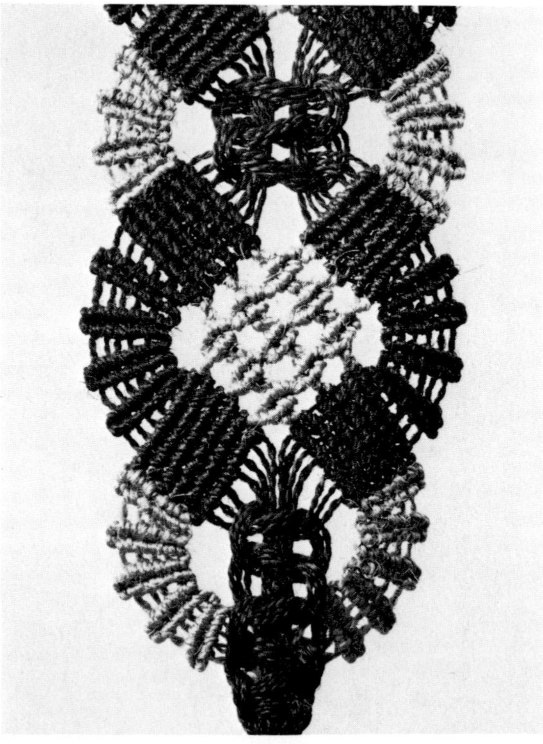

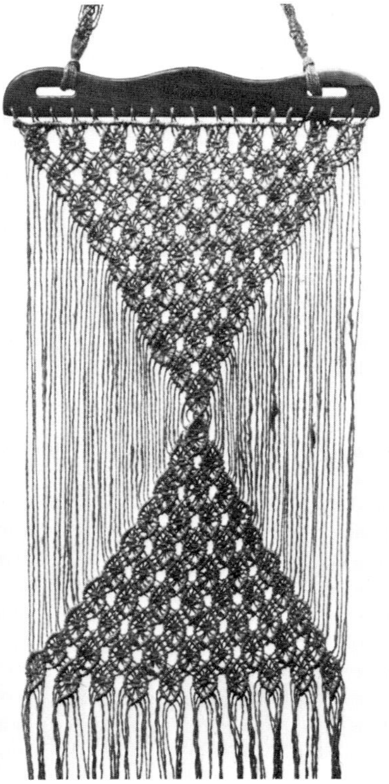

Wandbehang an Taschenbügel

Breite: 30 cm

Höhe: 50 cm ohne Fransen

Material: feine, faserige Juteschnur, dunkelbeige

Die Musterform besteht aus einem oberen und einem (gegengleichen) unteren Dreieck. Beide Dreiecke sind mit kleinen, leicht abgerundeten Musterecken gearbeitet. Die vorhergehende Arbeit zeigt solche abgerundete Musterecken in grösserer Ausführung.

Wandschmuck mit alten «Holztrüegle»
Breite: 27 cm
Höhe: 33 cm ohne «Trüegle»
Material: beige Hanfschnur

Die Arbeit beginnt mit einem doppelten Kreuzmuster, dann folgt ein kleines Bordürenmuster. Jetzt kommt eine Reihe leicht abgerundeter Musterecken, die sich später nochmals wiederholt. Zwischen den Mustereckentouren werden zwei gegengleiche, wellenförmige Rippentouren gearbeitet. Das Füllmuster dieser Reihen besteht aus Kettenknotenstäbchen und gespannten Schnüren.

Wandschmuck auf dunkelgrünem Velour

Breite: 17 cm bei den Spiralen
Höhe: 22 cm ohne Fransen
Material: goldgelbe Seidenkordel

Masse des Brettes
25 cm
50 cm
dunkelgrüner Velour als Brettüberzug

Am Ring werden nur die ersten Leitschnüre für die Musterecke angeknüpft. Auf den Dachseiten der ersten Musterecke werden dann die restlichen Schnüre im Rippenknoten befestigt. Als Füllmuster wird ein zweites Eckmuster in Flachknoten geknüpft. Es folgen gegengleiche, diagonale Rippentouren, zwischen denen kleine Abstände eingehalten werden. Nach der zweiten, ziemlich breitgezogenen Musterecke werden gegengleiche, spiralenförmige Abschlüsse gestaltet.
Die Arbeit wird dann auf ein überzogenes Brett gespannt. Die sichtbare waagrecht gespannte Schnur verhindert das Zusammenfallen der Spiralmusterenden.

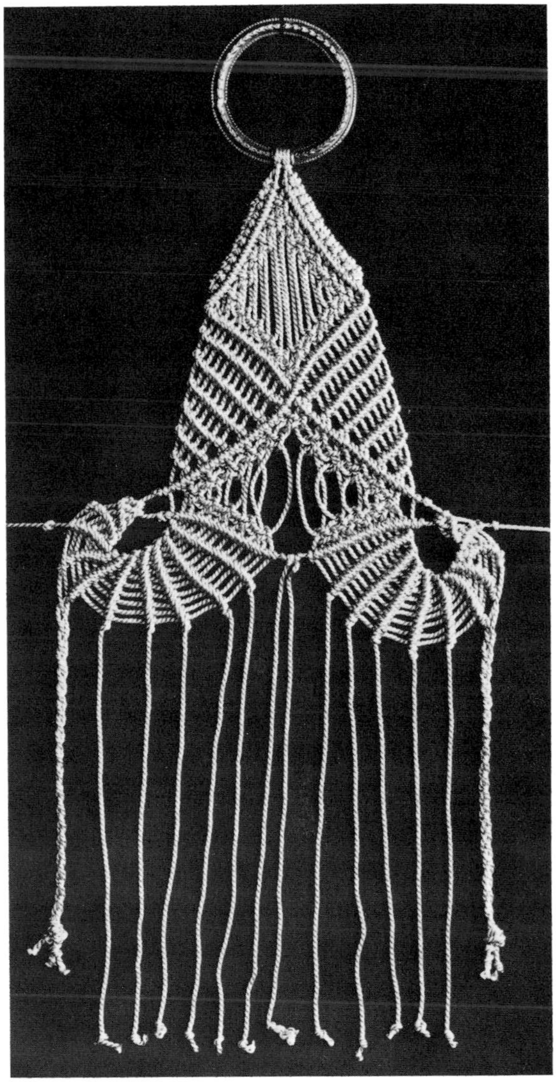

GEKNÜPFTE APPLIKATIONEN

Was sind geknüpfte Applikationen? Ich verstehe darunter separat geknüpfte Arbeiten, die während der Anfertigung oder erst nachträglich in eine andere Knüpfarbeit eingeknüpft oder aufgenäht werden. Die Unterlage muss aber nicht unbedingt geknüpft sein: Die geknüpfte Applikation kann auch auf andere Materialien genäht oder geklebt werden, z.B. auf Stoff, Papier, Metall usw.

1. Buchstabenknüpfen

Dieses geknüpfte ABC soll nicht ein eigentlicher Knüpfvorschlag sein, doch finde ich, diese Buchstaben zeigen besonders gut, wie vielseitig das Knüpfen sein kann. Abgesehen davon kann ein geknüpftes Monogramm eine hübsche Verzierung abgeben, auf einem Turnsack oder «Znünitäschli» beispielsweise. Ferner wird deutlich, wie leicht wir beim Knüpfen einen Richtungswechsel vornehmen können: Die meisten Bogen- und Eckwendungen werden mit einem Frivolitätknoten erreicht, d.h. wir schlingen die Arbeitsaussenschnur um die beiden mittleren Einlage- oder Leitschnüre. Es ist wichtig, dass wir den nächsten Flachknoten mit der nicht verwendeten Arbeitsschnur ausführen, d.h. wir legen die erste Schlinge nach dem Frivolitätknoten mit dieser Schnur. Der Querstrich beim H wurde folgendermassen gearbeitet: zwei Schnüre vom rechten Bein wurden in Richtung linkes Bein gelegt. Nun wurden mit zwei Schnüren vom linken Bein die entsprechenden Flachknoten um die zurechtgelegten Schnüre des rechten Beins geknüpft. Die beiden untern Teile der H-Beine werden demzufolge mit je zwei Schnüren von der andern Seite fertiggeknüpft, mit andern Worten: Die gekreuzten Schnüre beim Querstrich bleiben gekreuzt.

Einige Buchstaben mussten zwei- bis dreiteilig geknüpft und zusammengesetzt werden. Zum Beispiel besteht das X aus zwei verkreuzten Flachknotenstäbchen. Die Schnüre der beiden Stäbchen wurden in der Kreuzmitte miteinander verwoben.

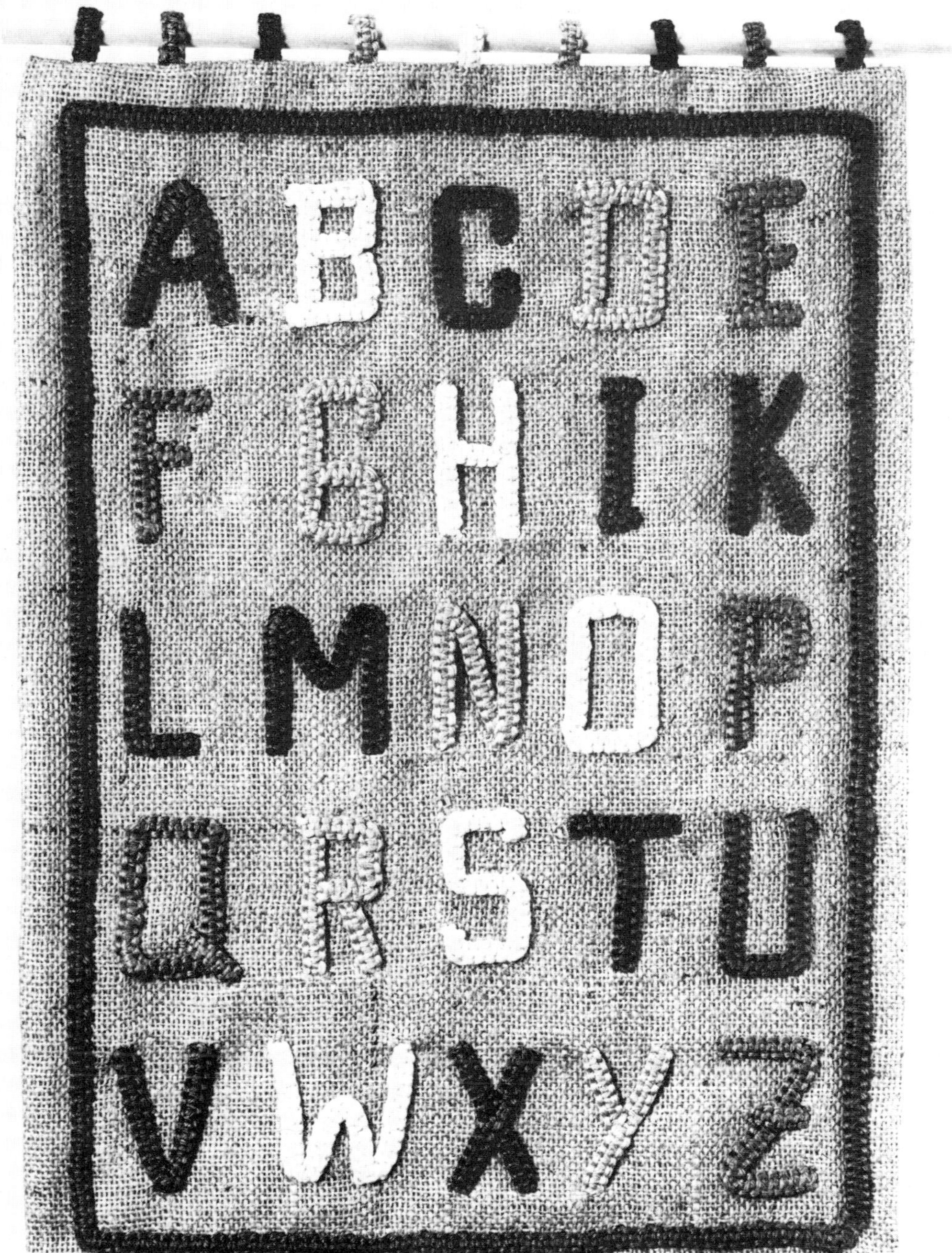
ABCDE
FGHIK
LMNOP
QRSTU
VWXYZ

2. Kleine geknüpfte Zutaten

Dieser Beutel ist für das Staubtuch gedacht, doch könnten auch andere Gegenstände darin Platz finden. Die aufgenähte Knüpfarbeit möchte Anregung sein für eigene Versuche. Mit zwei verschiedenfarbigen, schmalen Flachknotenbändern (rot und beige) habe ich versucht, ein sogenanntes Schriftband nachzuzeichnen. Solche Arbeiten ergeben auch hübsche Verzierungen auf Buchhüllen. Die Applikation ist 15 cm hoch und 13 cm breit.

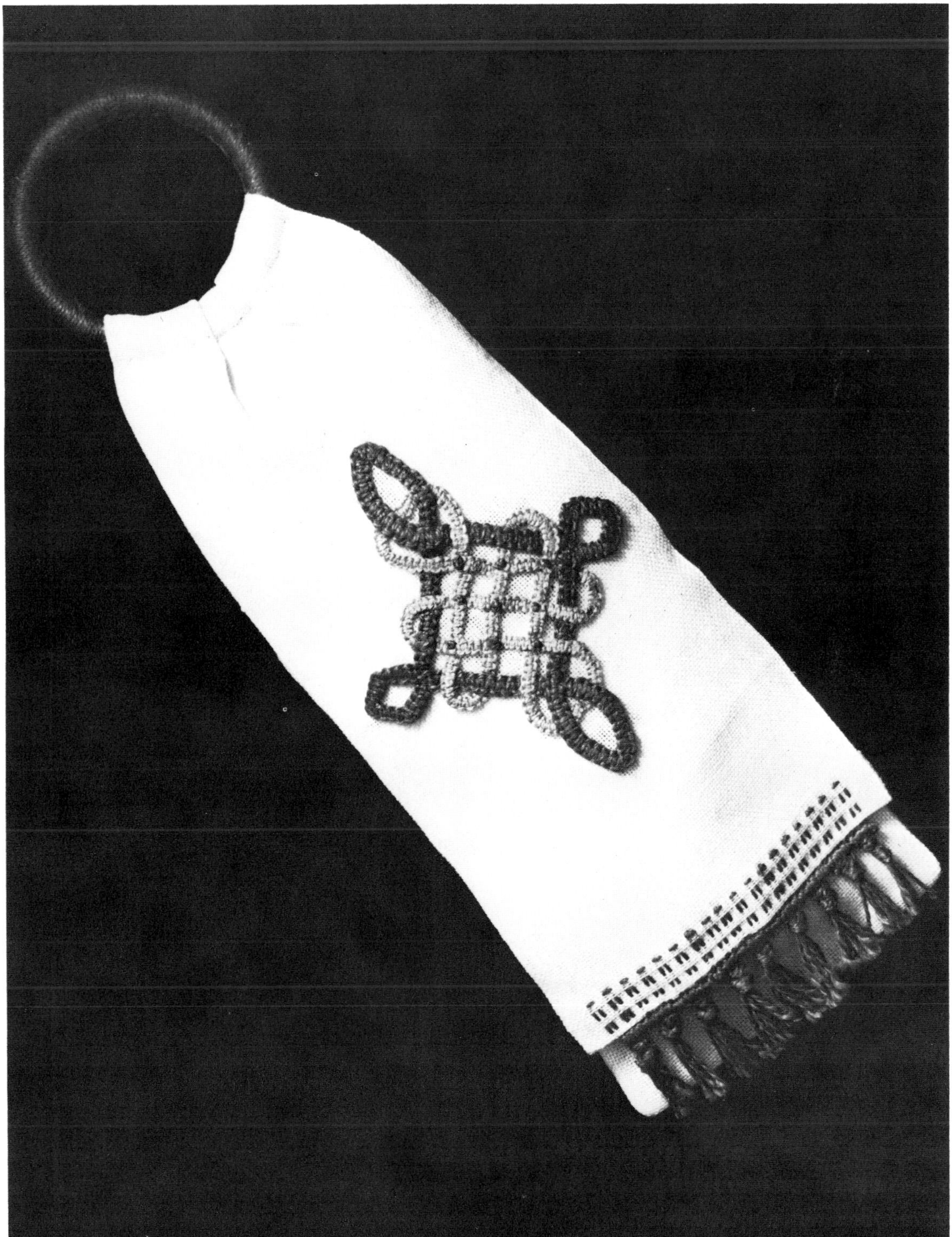

3. Wandbehänge mit geknüpften Applikationen

Die vier folgenden Wandbehänge zeigen Knüpfarbeiten mit zusätzlichen Applikationen. Das Quartett soll die vier Elemente Erde, Wasser, Luft und Feuer darstellen. Diese Beispiele verdeutlichen auch, wie andersartig solche Applikationen-Knüpfereien wirken. Hier können wir uns auf ganz neue Weise ausdrücken, und die Möglichkeit, mit vielen Farben zu gestalten, ist besonders gross.

Wandbehang «Erde»

Breite der geknüpften Bahn: 26 cm
Ganze Breite, mit Stamm und Traube: ca. 40 cm
Arbeitshöhe: 100 cm (ohne Aufhänger)
Material: dunkelbraune, dunkelgrüne und sehr hellolive Sisalschnur, ein Rest beige Juteschnur für die Luftwurzeln

Der dunkelgrüne Wandbehang ist im Flachknotenmuster Nr. 1 gearbeitet. Mit separaten Leitschnüren wurden die Rebenblätter in Rippenknoten in das Grundmuster eingeknüpft. Der einseitige Rand ist in senkrechten Rippenknoten ausgeführt. Im selben Knoten ist auch der Boden gearbeitet, nur wird hier dunkelbraune Schnur verwendet. Für den Rebenstamm habe ich einen ganzen Bund dunkelbrauner Schnüre an die Holzwurzel angehängt und mit einer Leitschnur von oben bis unten eine spiralenförmige Rippentour geknüpft.

Die Traube wurde rundherum, und von oben nach unten, in lauter Erbsknoten ausgeführt. Um nach unten eine Verengung zu erreichen, wurden jeweils entsprechend viele Schnüre stehengelassen und in das Traubeninnere gestopft. Dadurch ist die Traube sehr kompakt und kann nicht zusammengedrückt werden.

Für die Luftwurzeln sind sechs bis acht Einlageschnüre mit einer separaten Schnur sehr satt umwickelt worden.

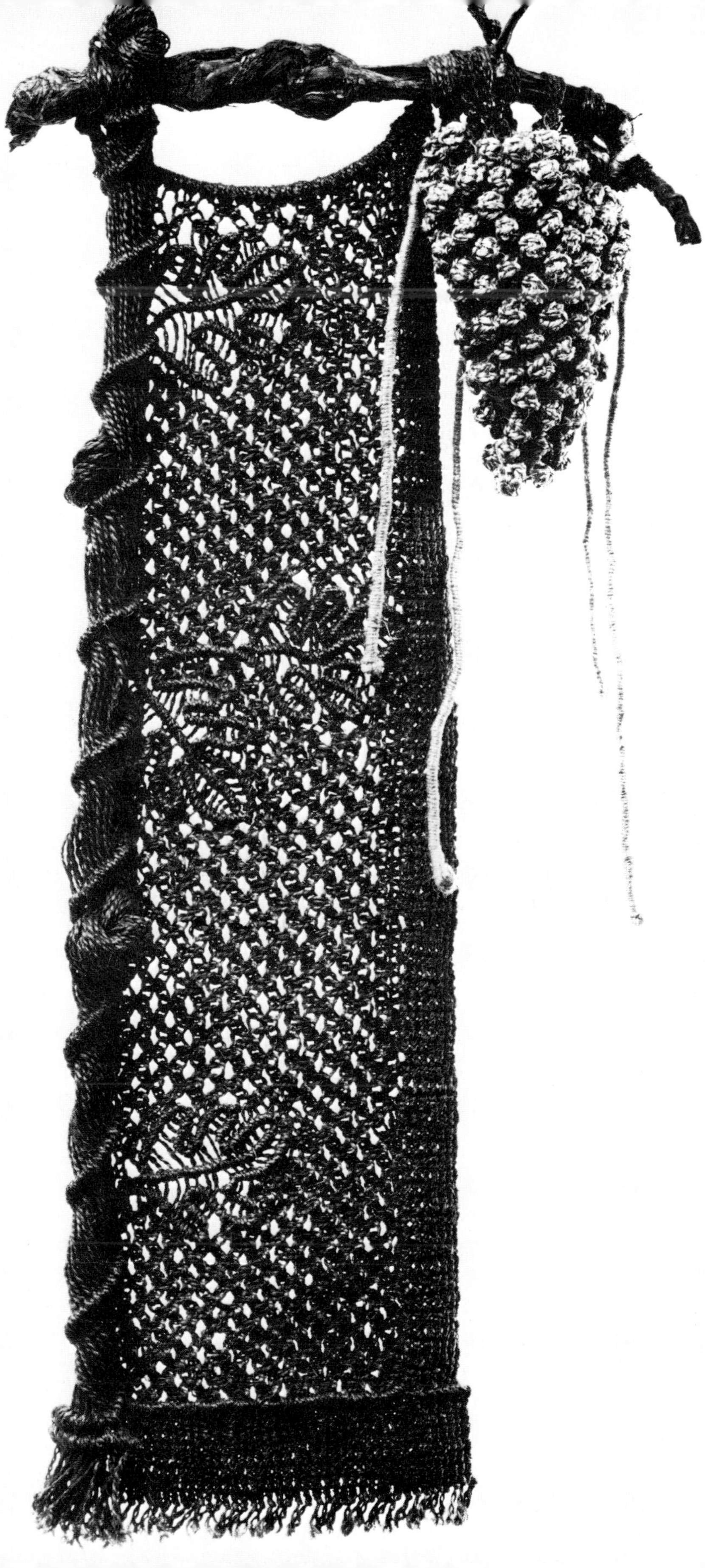

Wandbehang «Wasser»

Allgemeine Angaben:

Wandbehang:
Breite: 35 cm
Höhe: 90 cm

Ovaler Ring:
Breite: 25 cm
Höhe: 19 cm

Material: Dunkel- und hellblaue Sisalschnur, für den Wandbehang. Orangefarbene und hellblaue Juteschnur für die kleinen Fische.
Mittelblaue, gelbe und türkisfarbene Juteschnur für den grossen Fisch (Fischhöhe ca. 12 cm, Länge ca. 20 cm). Weisse Leinenschnur, für die Luftblasen.

Bei dieser Arbeit wird die Grundbahn in zwei Richtungen geknüpft. Vom ovalen Ring her knüpfen wir mit Vorteil zuerst den oberen, kürzeren Wandbehangteil und befestigen diesen dann am vorgesehenen Holzstab. Anschliessend arbeiten wir die untere, längere Bahn.

Für beide Richtungen werden die Schnüre im Rippenknoten an den ovalen Ring geknüpft. Wir achten dabei, dass wir für jede Seite so viele Schnüre anknüpfen, dass wir dieselben noch gut in die entsprechende Richtung ziehen und knüpfen können. Das bedingt, dass an den beiden äussersten Randseiten noch ein paar cm vom Ring sichtbar bleiben. Später können wir, mit den hier vorbeiführenden Knüpfschnüren, diese sichtbaren Ringteile entsprechend umwickeln.

Die Randborten werden in senkrechten Rippenknoten ausgeführt und müssen auf mittlerer Ringhöhe separat begonnen werden. Mit andern Worten, wir müssen beide Borten einzeln beginnen und vorbereiten, doch schon nach zwei, drei Knotenreihen können wir sie mit dem ebenfalls begonnenen breiten Mittelstück verbinden.

Die breite Bahn wird mit den jeweiligen am Ring festgeknüpften Schnüren, plus beidseitig vier zusätzlichen Schnüren, im Flachknotenmuster Nr. 1 geknüpft. Diese beidseitig zugesetzten Schnüre ergeben die Verbindung der Randborten mit der Mittelbahn.

Die vier wellenförmigen Linien sind in Rippenknoten und in Abständen von etwa 8 cm gearbeitet.

Die Abschlussbordüre ist mit der hellblauen Schnur in senkrechten Rippenknoten geknüpft.

Sämtliche Fische werden vom Kopf zum Schwanzende hin gearbeitet. Bei den kleinen Fischen haben wir orangefarbene Knüpfschnüre und eine jeweilige hellblaue Leitschnur. Mit der andersfarbigen Leitschnur können wir nach Belieben, mit einzelnen senkrechten Rippenknoten, hübsche Punktemuster einarbeiten. Die fertigen Fische werden dann entsprechend plaziert und mit unsichtbaren Stichen festgenäht.

Der grosse Fisch wird zuerst rundum geknüpft. Bei Beginn der mehrfarbig eingeknüpften Seitenflossenzeichnung wird jede Fischseite separat gearbeitet. Erst die beiden Rippen-

touren direkt vor der Schwanzflosse werden wieder rundum geknüpft. Die Schwanzflosse wird mit wechselfarbenen Flachknotenstäbchen gestaltet (siehe farbiges Schemabild).
Am Modell wurde bei der Nasenspitze mit fünf Schnüren begonnen. Gefühlsmässig wurden ständig neue Schnüre beigesetzt, bis zur gewünschten Breite. Bei den separat geknüpften Seitenteilen wurden nach hinten entsprechende Schnüre stehengelassen, so dass die Arbeit wieder schmäler wurde.
Abschliessend wurden alle stehengelassenen Schnüre und ein paar zusätzliche Schnurresten in den Fisch hineingestopft, dann die Rückgrat- und Bauchöffnung unsichtbar zugenäht. Als Fischaugen wurden Knöpfe verwendet. Mit zwei unsichtbaren Nylonfäden ist dann der Fisch am eingeknüpften Ring befestigt worden.
Die weissen Luftblasen sind mit Frivolitätknoten gearbeitet und mit ein paar Stichen am Ringrand festgenäht.

Wandbehang «Luft» (Bild Seite 109)
Breite: 35 cm
Ganze Höhe: 90 cm (ohne Aufhänger)
Material: Weissblaue, hellolive und dunkelbraune Sisalschnur, rote, königsblaue, taubenblaue und beige Juteschnur, ein kleiner Rest weisse, handgesponnene Wolle.

Der Luftteil wurde mit der hellblauen Schnur, in senkrechten Rippenknoten, um die angeknüpften helloliven Schnüre gearbeitet. Der übrige Wandbehang ist, ausser den beiden Randborten, welche in senkrechten Rippenknoten weitergeführt werden, im Flachknotenmuster Nr. 1 geknüpft. Nach der waagrechten Rippentour folgt ein dunkelbrauner Erdstreifen, in senkrechten Rippenknoten ausgeführt.

Der Ballon hat einen Durchmesser von 16 cm und ist, in taubenblauer Schnur, in Rippenknoten geknüpft. Vor dem Aufnähen wurde er mit einem Stück Nylon-Filetnetz überzogen.

Für das Körbchen wurden fünf Schnüre im Rippenknoten an eine Leitschnur geknüpft. Dann wurden von einer Seite her zehn Schnüre mit den bereits angeknüpften verwoben. Auf beiden Seiten sowie am Boden sind die verwobenen Schnüre mit zwei Rippentouren fixiert worden.

Die Drachen messen ca. 16 cm, von der Nasenspitze bis zum Schwanzbeginn. Geknüpft sind sie ausschliesslich in Rippenknoten. Der Schwanz besteht aus einem Flachknotenband, in welches kleine Schnurbüschel eingeknüpft wurden.

Für die Wölklein habe ich ein paar Wollfäden zu einem losen Josefinenknoten geschlungen und die Fadenenden noch durch einen Teil der Knotenschlingen verwoben.

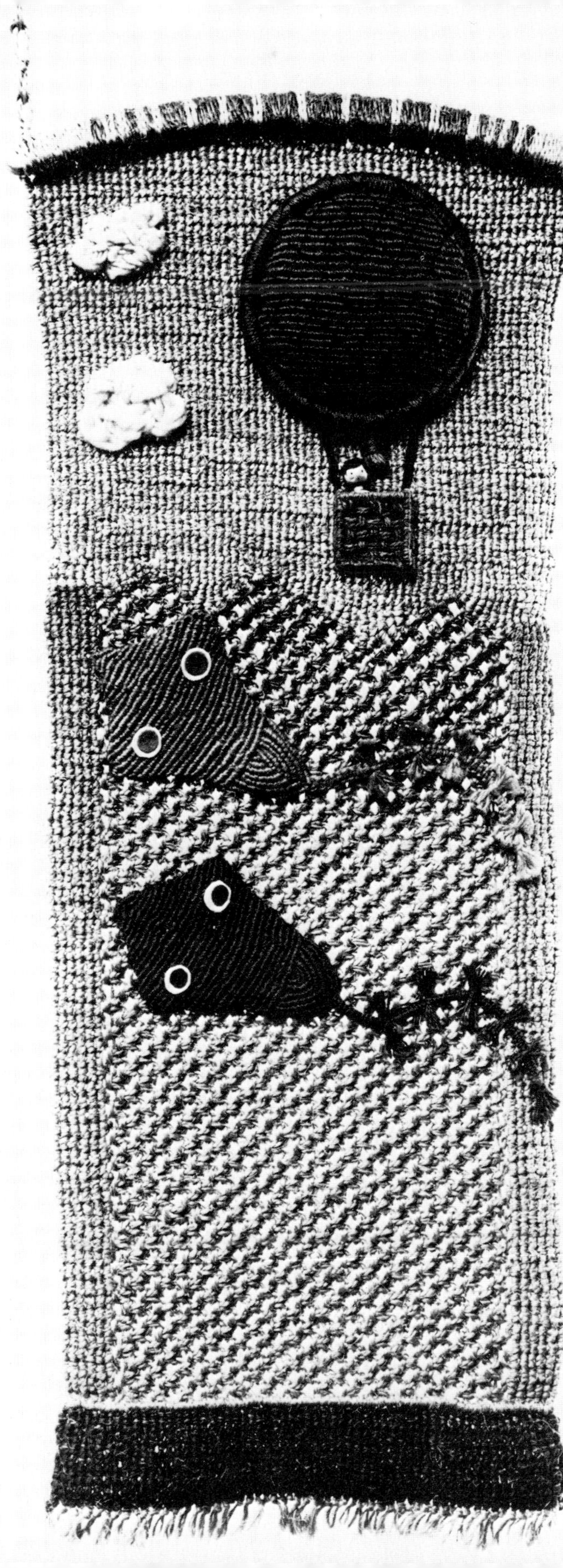

Wandbehang «Feuer»
Breite: 37 cm
Höhe: 100 cm (ohne Aufhänger)
Material: mittelblaue, hellgrüne, orange, rote, gelbe und ockerfarbene Sisalschnur.
Der Wandbehang wird mit blauer Schnur gearbeitet und beginnt mit zwei bogenförmigen Rippentouren. Abgesehen von den beiden Randmustern wird er im Flachknotenmuster Nr. 1 geknüpft. Die Randborten sind in senkrechten Rippenknoten ausgeführt, ebenso die hellgrüne Wiesenmarkierung.
Die Sonne wurde aus ihrer Mitte heraus gearbeitet. Sie ist ganz in Rippenknoten geknüpft, wobei die Knoten von der Mitte her immer an dieselbe Leitschnur geknüpft wurden. Diese Leitschnur wurde stets rundherum, d.h. spiralenförmig von einer rund geführten Tour zur nächsten geleitet. Natürlich war es nötig, bei jedem neuen Umgang eine neue Serie Schnüre in gleichmässigen Abständen einzusetzen. Bei einem Sonnen-Durchmesser von 17 cm folgen die Sonnenstrahlen. Dazu wird ein Band im Wechsel mit einem Zackenstrahl geknüpft, wobei die Bandstrahlen unterschiedlich lang gearbeitet sind.
Die Sonne wurde dann verkehrt herum montiert. Die eigentlichen Rippenknoten liegen nach unten. Wir sehen demzufolge die Rückseite der Rippenknoten. Bei den Zackenstrahlen ist das noch deutlicher ersichtlich.
Die Flammenbänder sind einzeln und in der jeweiligen Farbe, in sehr satt aneinanderliegenden Sustenknoten geschlungen. Auf unserem Farbbild ist gut erkenntlich, wie die Flammenbänder montiert wurden.

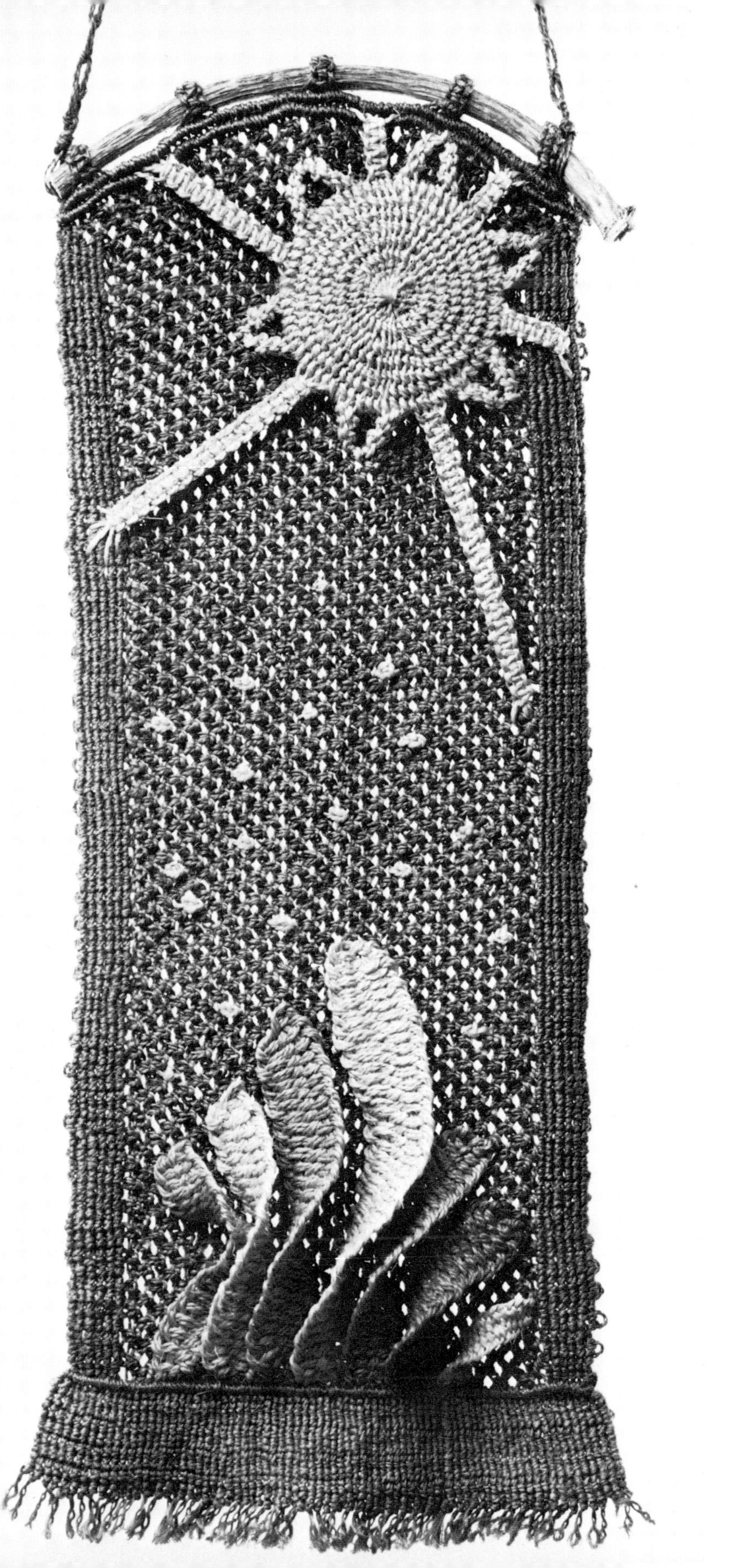

KNÜPFARBEITEN UND ANDERE WERKTECHNIKEN

Es ist wirklich erstaunlich, wie gut und vielseitig wir Knüpfarbeiten mit andern Werktechniken kombinieren können. Der Spielraum für solches Werken ist unbegrenzt; das haben mir auch entsprechende Kursversuche bestätigt.

1. Knüpfen mit Tonarbeiten

Mit Ton lassen sich die schönsten Zutaten zum Knüpfen verfertigen – Gegenstände, an die wir anknüpfen oder die wir einknüpfen können. Oft genügt ein sehr kleines Tonelement, um eine Knüpfarbeit zu bereichern, und umgekehrt können ein paar Schnüre mit einigen Knoten ein Tonwerk in seiner Wirkung unterstützen.
Beim Schaffen mit Ton haben wir ausserdem die Möglichkeit, an jedem beliebigen Ort Löcher in die Gegenstände zu bohren, so dass sich später beim Einknüpfen keine Probleme ergeben. Das setzt aber voraus, dass wir uns bereits beim Herstellen unserer Tonarbeiten Gedanken darüber machen, wie wir die Elemente später einknüpfen wollen, damit die Löcher auch an der richtigen Stelle angebracht werden. Die Auswahl des Materials ist ebenfalls zu bedenken: Wenn wir ein grobes Material verarbeiten wollen, müssen wir die entsprechenden Löcher genügend gross machen und uns bewusst sein, dass sich der Gegenstand durch den Rohbrand etwa um 10 Prozent zusammenzieht. Für den Gegenstand selber hat das überhaupt keine Bedeutung, für die angebrachten Löcher fällt es eventuell ins Gewicht, d.h. die Löcher für die Schnüre sollten eher ein wenig zu gross als zu klein geraten.

Wanddekorationen mit Tonringen

Die nächsten drei Bilder zeigen uns kleine Knüpfarbeiten in Verbindung mit handgefertigten Tonringen. Die Ringe haben einen Innendurchmesser von 7–12 cm, die Randbreite variiert zwischen 3–5 cm. In die Tonringe sind hübsche Verzierungen eingestanzt, und es sind natürlich die entsprechenden Löcher angebracht worden.
Die Bogen- und Flachknotenbänder sind in verschiedenen Materialien geknüpft worden. Wir können jede Art von Schnur, Garn oder Wolle für solche Gestaltungen verwenden. Aufgrund der eingeknüpften und abschliessenden kleinen Tonelemente, die relativ schwer sind, hängen die langen geknüpften Bänder in jedem Material richtig.

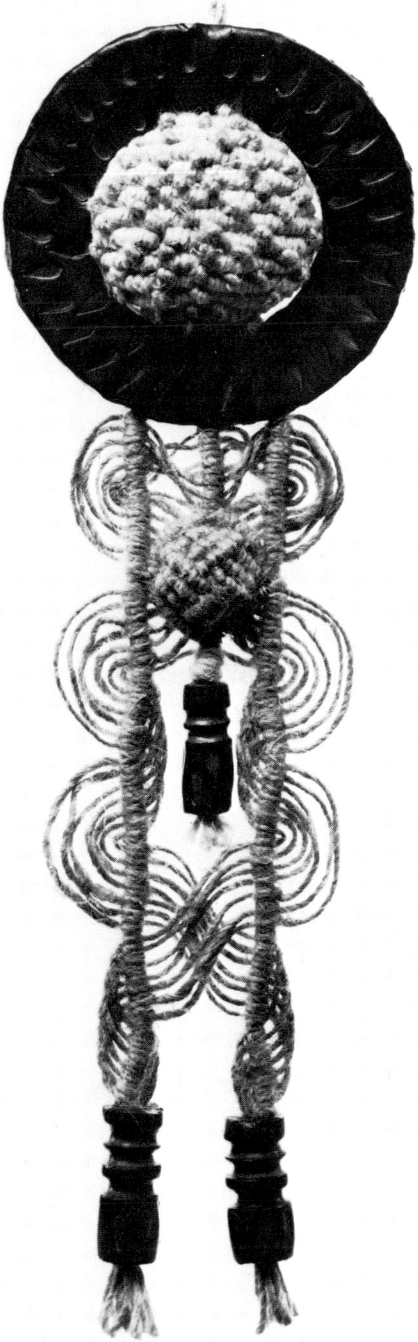

Wunderblume mit Schmetterling

Bei diesem Blumenring wurden rundum in regelmässigen Abständen Löcher vom Aussen- zum Innenrand gebohrt. Für die Blumenblätter wurden die Schnüre folgendermassen angeknüpft: Je zwei und zwei Schnüre wurden mit ihren Enden durch ein Loch vom Aussenrand in das Ringinnere gestossen und von dort durch das nächste Loch wieder auf die Ringaussenseite gezogen. So haben wir bei jedem Loch zwei Leitschnüre zur Verfügung. Diese Schnüre legen wir in Dachform und knüpfen auf jeder Seite die erforderlichen Knüpfschnüre im Rippenknoten fest. (Am Modell sind auf jeder Dachseite drei neue Schnüre eingesetzt worden.) Jedes Blumenblatt besteht eigentlich aus einer mit Rippenknoten gefüllten Musterecke. Beim Schliessen der Musterecken wird jede Knüpfschnur nach dem Anknüpfen an die Leitschnur zur Leitschnur gelegt. So haben wir auf beiden Seiten zuerst eine Leitschnur, dann zwei, drei, vier usw. Am Schluss einer Ecke sind alle Schnüre derselben beieinander. Dann werden sie mit einem Abschlingknoten abgeknüpft und auf die richtige Fransenlänge zurückgeschnitten.

Alle Blumenblätter sind an ihren Eckseiten miteinander verbunden, dies geschah durch das Kreuzen der jeweiligen ersten Dachleitschnüre.

Der Schmetterling und das Füllmuster sind separat angefertigt und nachträglich im Ring befestigt worden.

Für das Füllmuster wurde eine kleine runde Decke in Rippenknoten geknüpft und im Ring an den eingezogenen Leitschnüren so befestigt, dass die linke Knüpfseite nach oben zu liegen kommt. Der Schmetterling wurde auf das Füllmuster genäht.

Für diese Arbeit sollten wir eher ein steiferes Material verwenden, wie Schnur, Knüpf- oder Leinengarn.

Kleine Wanddekoration

Das Tonbrettchen mit den vielen Herzformen misst in seiner Breite: 25 cm
Höhe: 13 cm
Gesamthöhe mit Aufhänger: 36 cm
Material: rote Sisalschnur
Der Aufhänger ist in Kettenknoten geknüpft.
Die Schnurbändchen sind in Flachknoten gearbeitet, und die kleinen Tonherzen werden mit Frivolitätknoten eingefasst.
In der Mitte der eingestanzten Blumen- und Sternmotive sind kleine Karoknoten geschlungen.

Alpaufzug

Breite: 24 cm

Höhe: 49 cm mit Fransen

Material: feine Leinenschnur

Die erste und dritte waagrechte Musterreihe bestehen aus Flachknotenstäbchen. Bei der zweiten, d.h. der mittleren Reihe sind, abgesehen von den beiden Randstäbchen, die Schnüre zwischen den jeweiligen doppelten Rippenknotentouren nur gespannt worden. In diese Reihe wurde das Tonbrettchen mit dem schönen Alpaufzug eingeschoben. Der Abschluss wird mit Rosettenmustern und Flachknotenstäbchen gestaltet.

Kleine Wanddekoration
Breite: 10 cm
Höhe: 25 cm mit Fransen
Material: weisses Leinengarn
Die Arbeit beginnt mit einer waagrechten Rippentour.
* Ungefülltes Vorhangmuster
Musterbigeli à je ein Kettenknoten
Wellenförmige Rippentour
Unterschiedlich lange Stäbchen in Kettenknoten
Gegengleiche wellenförmige Rippentour
Ab * wiederholen

Wandschmuck in Herzform
Breite der Herzformen: 12 cm, 8 cm und 4 cm
Arbeitshöhe: ca. 60 cm
Material: grüne und rote Sisalschnur
Dieser «herzliche» Wandschmuck ist aus rohgebrannten und lackierten Tonherzen und mit Sisalschnur in zwei Farben gemacht. Die Herzformen sind mit Frivolitätknoten umknüpft. Das Bild auf Seite 29 unten zeigt, wie dieser Knoten in zwei Farben ausgeführt wird. Die Herzen werden durch ein Flachknotenband miteinander verbunden.

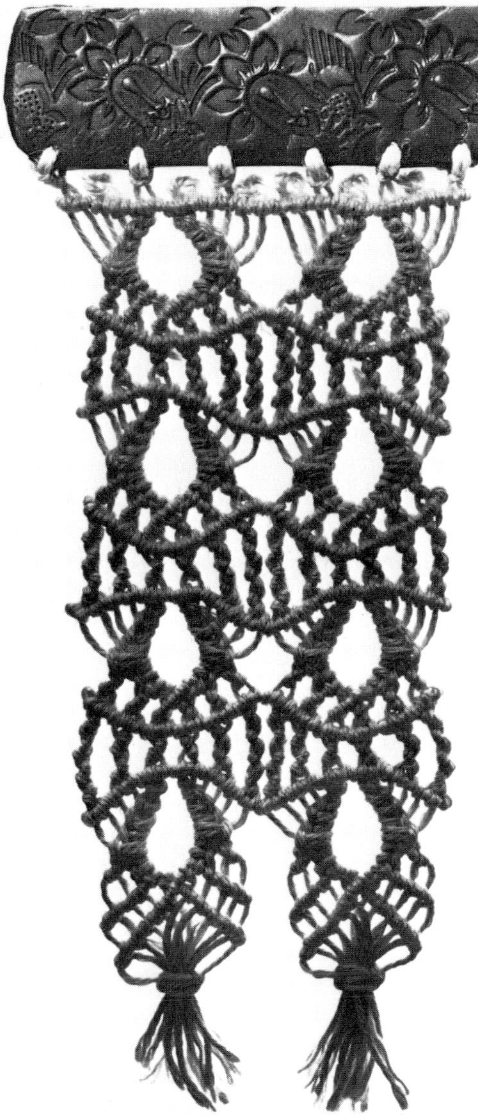

Wandbehang mit Tonelement

Breite: 32 cm
Knüpfhöhe: 45 cm ohne Flachknotenbänder mit Fransen
Bänderhöhe: 20 cm mit Fransen
Material: lindengrüne Juteschnur für den Wandbehang und dunkelgrüne, orange und braune Juteschnur.

Der Wandbehang besteht aus einem oberen und einem gegengleichen unteren dreieckförmigen Muster, das im Flachknotenmuster Nr. 1 geknüpft wurde. An den Randseiten sind die Dreieckformen mit mehreren Rippentouren eingefasst. Zwischen den Rippentouren sind mit andersfarbigen Schnüren Reihen in senkrechten Rippenknoten eingearbeitet worden. Nachträglich wurde ein kleines Tonelement in die Arbeitsmitte eingeknüpft. Die beiden Flachknotenbänder beidseitig des Elements sind mit oranger Schnur geknüpft.

Der Abschluss besteht aus unterschiedlich langen Flachknotenbändern, eingezogenen Tonperlen und Schlussfransen. Ein Abschlingknoten unter den Tonperlen verhindert ihr Herunterrutschen.

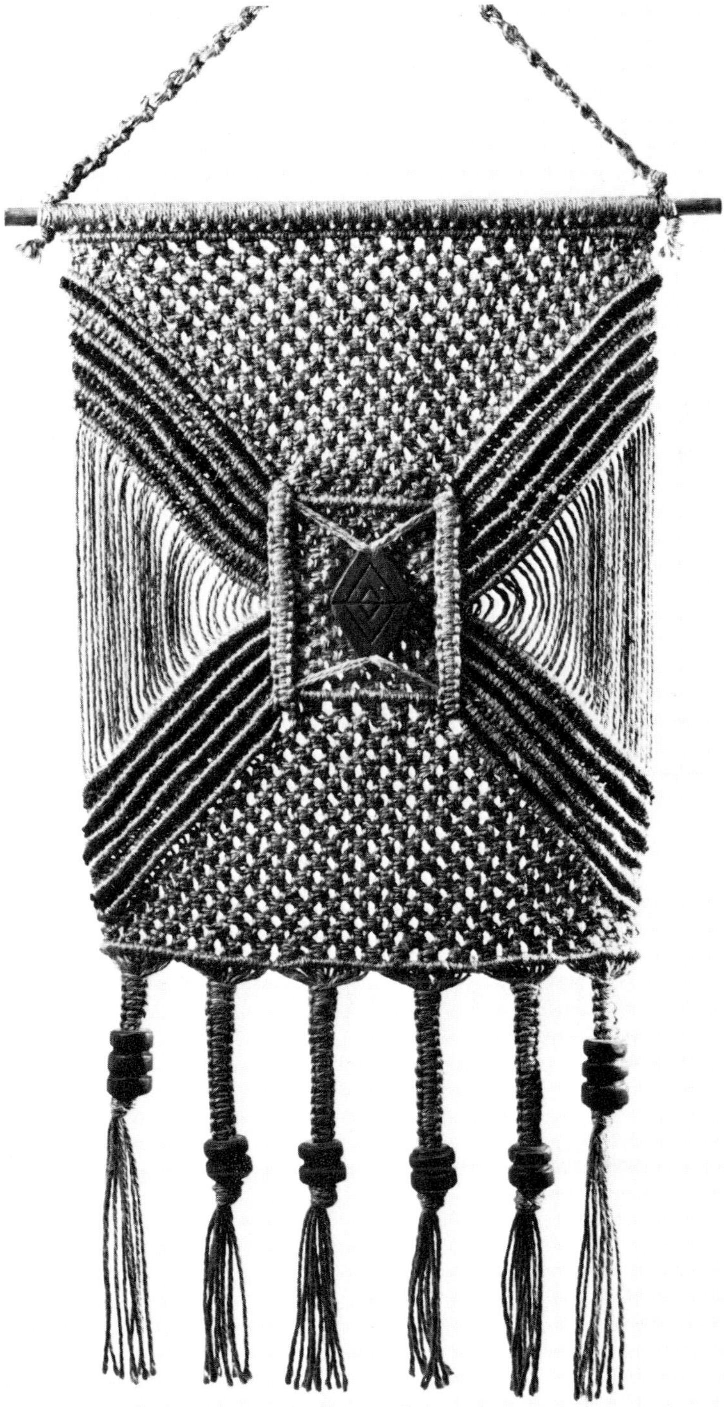

Beiger Wandbehang

Breite: 26 cm

Höhe: 40 cm ohne Fransen

Material: grobe, faserige Juteschnur

Die Arbeit beginnt und endet mit einer Rippentour. Über und unter dem eingeknüpften Tonelement wird ebenfalls eine Rippentour in der Breite des Tonelements eingearbeitet. Die übrige Arbeit ist handgewoben, wobei die Längsschnüre hinter dem Tonelement nur gespannt bleiben.

Wanddekoration an Tonbrettchen
Breite: 18 cm
Höhe: 120 cm
Material: Bohnenschnur = leicht faserige, feine Schnur
* Zwei Rippentouren
Gedrehte Musterbigeli in halben Flachknoten
Ein oberes und ein gegengleiches unteres Dreieckmuster in versetzten Flachknoten
Zwei Rippentouren
Entsprechende Flachknotenstäbchen
Ab * wiederholen

Wandschmuck mit eingeknüpften Tonformen
Breite: 16 cm
Höhe: 115 cm
Material: in Batikfarbe handgefärbte Hanfschnur. Zwei glasierte Tonformen
Flachknotenstäbchen
Rippentour
Grosse Musterecke mit dreifacher Rippentour umrahmt. Die Flächenecken werden in diagonalen Rippentouren, mit dazwischen geknüpften einzelnen Rippenknotenreihen, gestaltet.
Rippentour
Halbe Flachknotenstäbchen
Rippentour
Ab hier die Arbeit gegengleich zu Ende führen.
Die Tonformen werden gleich während der Arbeit eingeknüpft.

Einzelne Rippenknoten werden mit je zwei Schnüren ausgeführt, wobei die höherstehende zur Knüpfschnur und die tieferliegende zur Leitschnur wird.

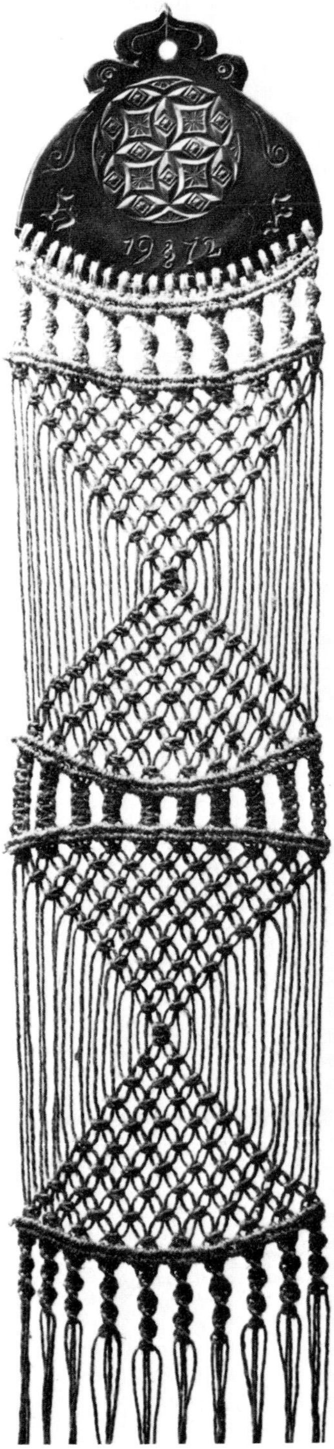

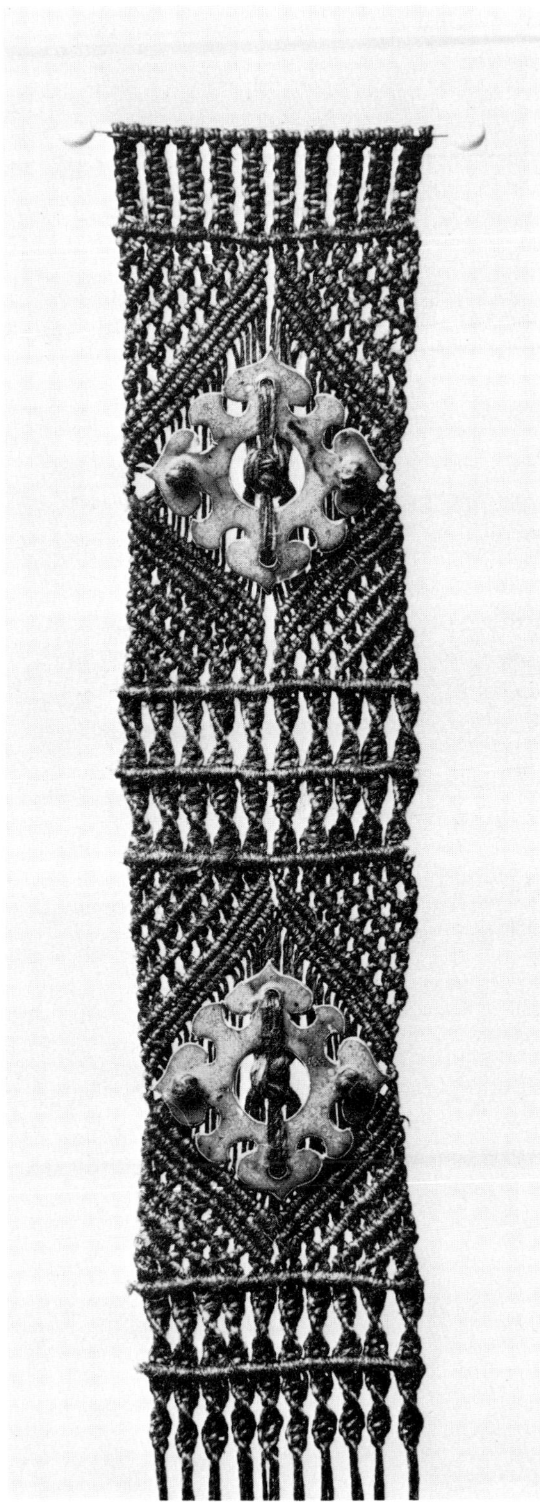

Wandbehang mit Tonrosen
Breite: 30 cm
Höhe: 90 cm mit Fransen
Material: rote Dochtwolle wird unter dieser Bezeichnung verkauft)

Die Arbeit beginnt mit einer waagrechten Rippentour. Von hier werden die Wollschnüre bis zur zweiten Rippentour nur gespannt. Zwischen der zweiten und der dritten Rippentour werden an beiden Randseiten je drei Stäbchenmuster in halben Flachknoten gearbeitet. Die dazwischenliegenden Schnüre bleiben wieder gespannt. Mit den Schnurenden werden grosse Zapfenknoten geschlungen. Die Tonrosen wurden an die Wollfäden geleimt.

Wandbehang an glasierter Keramikrosenranke
Knüpfbreite: 21 cm
Höhe: 38 cm ohne Aufhänger und Fransenabschluss
Material: weisses Nylongarn

Die Arbeit beginnt mit einer Anschlagrippentour, an die eine zweite Rippenreihe gefügt wird.

In der Mitte haben wir ein vierblättriges Blumenmuster. Jeder Blattrand besteht aus zwei Rippentouren, und die Blattmitte ist in Kettenknoten geschlungen.

Die beiden Randseiten sind mit gegengleichen doppelten Rippentouren in diagonaler Richtung geknüpft, wobei zwischen den Rippenreihen ebenfalls einzelne Kettenknoten eingearbeitet sind.

Die beiden Randseiten sind mit dem Mittelstück durch ein langes Stäbchen in Kettenknoten verbunden.

Abschliessend folgen nochmals zwei doppelte Rippentouren, zwischen denen Musterbigeli in halben Flachknoten eingeknüpft sind.

Zum Schluss werden die Schnurenden zu langen Kettenknotenbändern geschlungen.

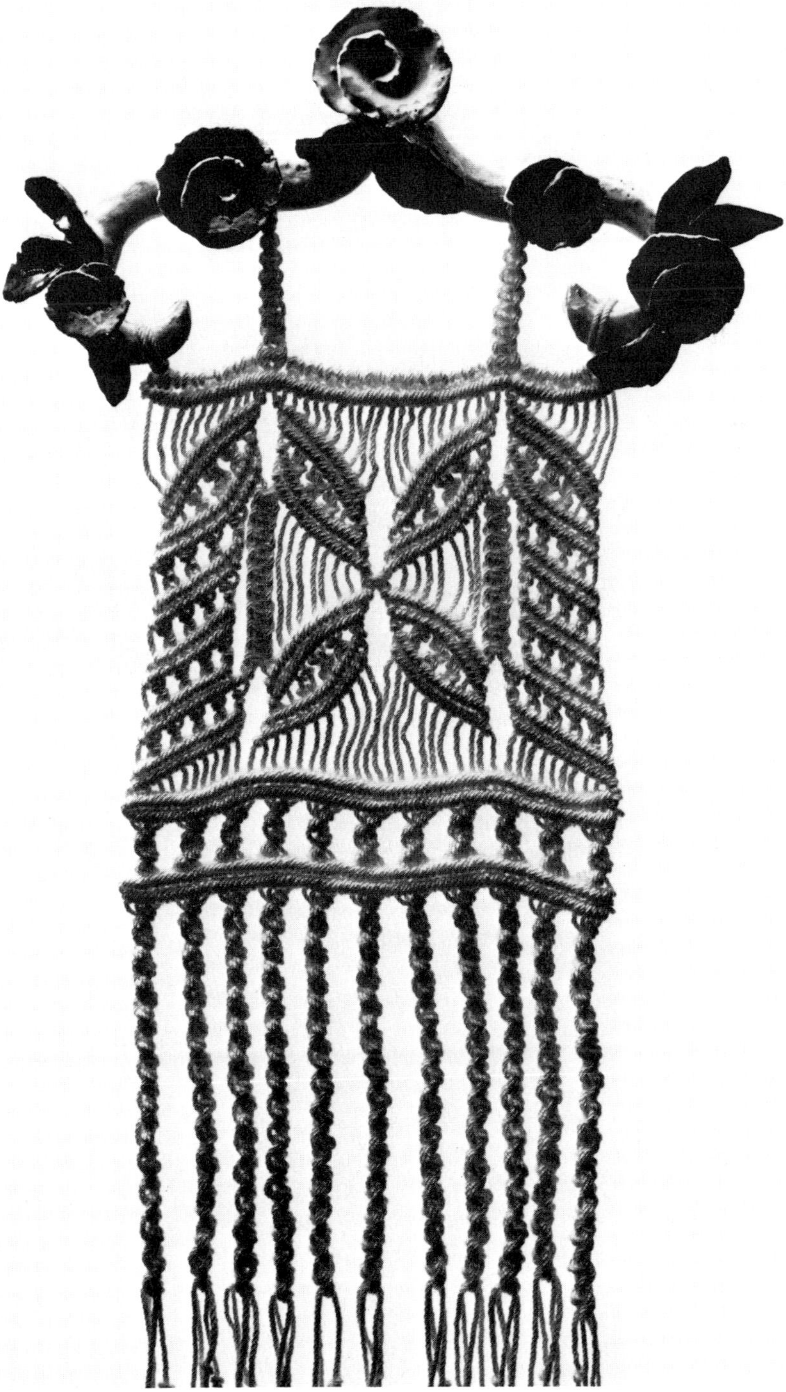

Wandbehang mit Keramikglocken (Farbbild Seite 137)

Stabbreite: 90 cm

Knüpfbreite: 76 cm

Höhe: 53 cm

Material: braunes Nylongarn

Diese Arbeit beginnt mit einer Rippentour. Das Blattmuster ist dasselbe wie bei der vorhergehenden Arbeit. Ausser den Randblättern werden die jeweils zusammenstossenden Blätter durch einen Erbsknoten miteinander verbunden. Die Keramikglocken sind an kurze Flachknotenstäbchen direkt in die Arbeit eingeknüpft worden. Nach der zweiten Blätterreihe macht eine bogenförmige doppelte Rippentour den Abschluss.

An beiden Randseiten wurden separate Rosettenbänder gearbeitet, die zu Beginn und am Schluss der Arbeit in die Rippentouren miteingeknüpft sind.

Hübscher Türschmuck
Das Flachknotenband mit dem Aufhänger wurde über eine Anzahl Einlageschnüre geknüpft. Nach dem Einziehen der Glokken werden mit diesen Schnüren die einzelnen Zapfenknoten geschlungen.

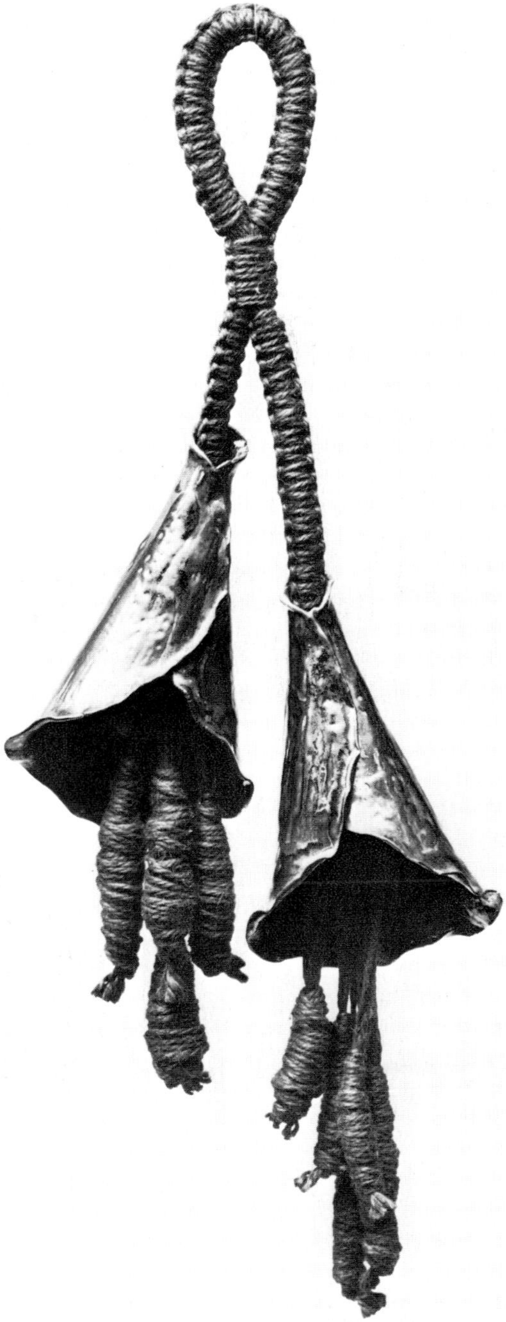

Rustikaler Wandbehang mit eingeknüpften Tonformen

Breite: 27 cm beim Anschlag

Breite: 35 cm bei den Rippentouren

Höhe: 120 cm ab Anschlag bis Fransenende

Material: grobe, faserige Juteschnur

Das Detailbild zeigt deutlich, wie die Knüpfpartie gestaltet ist.

2. Knüpfen mit Bauernmalerei

Ein hübsch bemaltes Brettchen ist an sich schon ein kleines Kunstwerk. Aus diesem Grunde wollte ich Knüpfarbeiten, in welche bemalte Brettchen eingearbeitet werden, nicht mit reichen Mustern überladen. Denn die bemalten Elemente sollen nicht durch vielfältige Knotenmuster überspielt werden. Ich habe versucht, geometrische Motivformen aus der Bauernmalerei auf einfache Weise in Knüpfmuster zu übersetzen und dadurch die Malerei zu unterstreichen.

Wandbehang mit bemalten Brettchen

Breite: 17 cm

Höhe: 45 cm ohne Aufhänger und Fransen

Material: lindengrüne und weinrote Juteschnur

Das Flächenmuster ist im Flachknotenmuster Nr. 4 geknüpft. Für die Flachknotenbänder der Musterecke wurden nachträglich weinrote Schnüre eingezogen. Siehe auch farbiges Detailbild auf Seite 137.

Lampe mit bemaltem Holzfuss

Durchmesser oben: 25 cm
Durchmesser unten: 30 cm
Höhe: 25 cm
Material: feine beige und dunkelrote Juteschnur

Dieser Lampenschirm wurde pro Feld bahnenweise geknüpft. Dazu wurde die feine beige Schnur doppelt verarbeitet. Nach unten, wo die Knüpfbahn breiter werden musste, wurden beidseitig entsprechend viele Schnüre zugesetzt. Das Grundmuster ist in versetzten Flachknoten ausgeführt.

Die senkrechten Stäbchen des Lampengestells sind mit einem kleinen zweifarbigen Rosettenmuster umknüpft. Hinter diesen Stäbchenmustern stossen dann die jeweiligen nebeneinander liegenden Feldbahnen zusammen. In jeder Feldmitte wurde nachträglich das Flachknotenband mit den drei grossen Rosettenmustern lose über das Grundmuster gearbeitet. Das Bild unten zeigt die Rosettenmuster sehr deutlich.

Wandbehang mit bemalten Brettchen

Breite der Knüpfarbeit: 28 cm
Höhe mit Brettchen und Fransen: 115 cm ohne Aufhänger
Material: dunkelbeige, dunkelrote und ein Rest grüne Juteschnur

Die Farben der Schnüre wurden auf die Farben der Malerei abgestimmt. Das verwendete Material ist deshalb unterschiedlich dick. Die farbige Schnur ist viel feiner als die beige. Darum werden die rote und die grüne Schnur jeweils doppelt verarbeitet. Für das Rosettenmuster im mittleren Feld wurde die rote Schnur sogar vierfach verknüpft. (Siehe Farbbild Seite 137)

Beim Anschlagbrettchen wurden zwanzig Schnüre eingezogen, d.h. es wurden je zwei Schnurenden durch das erste Bohrloch hinaufgestossen und beim nächsten Loch wieder heruntergezogen. Wir müssen darauf achten, dass die eingezogenen Schnüre vor Knüpfbeginn alle dieselbe Länge haben. Unter dem Anschlagbrett folgt eine waagrechte Rippentour, und da werden in gleichmässigen Abständen noch zehn Schnüre dazu geknüpft. Total haben wir dann sechzig Arbeitsschnüre.

Mit einer doppelten roten Schnur knüpfen wir um je vier beige Schnüre die Spiralbändchen in halben Flachknoten.

Die einzelnen Rosetten im Mittelfeldmuster zählen je vier Flügelflachknoten.

Das Bild auf Seite 29 oben zeigt, wie Flügelknoten gearbeitet werden.

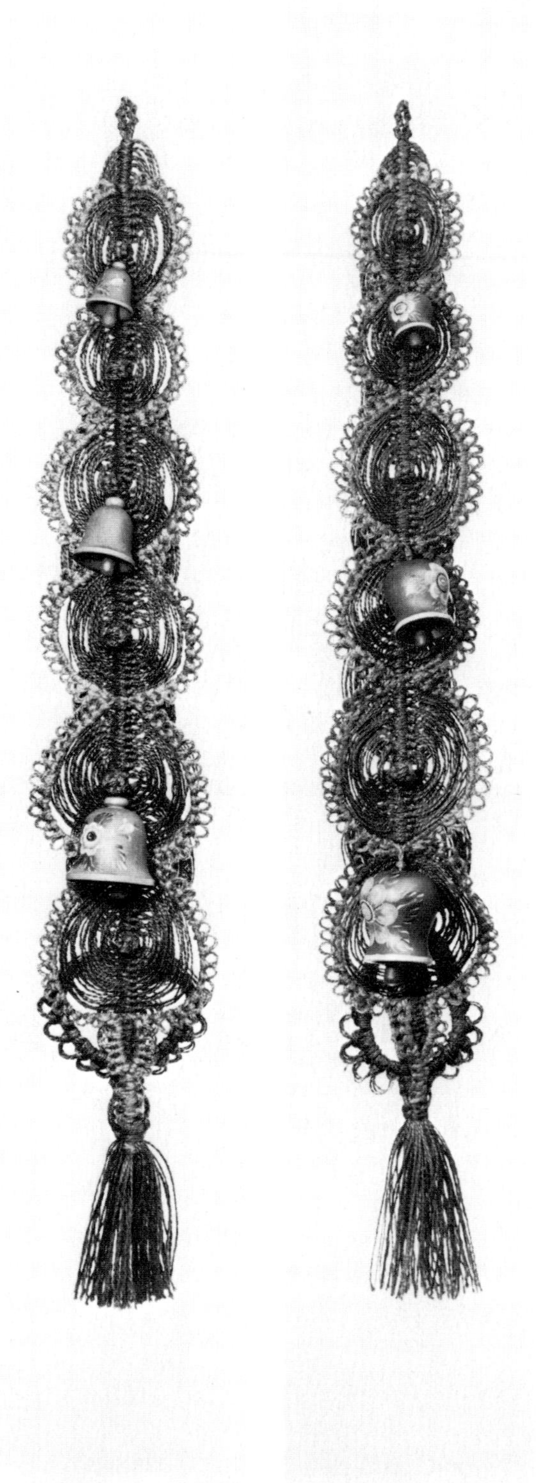

Glockenbänder

Breite: 5–8 cm

Höhe: 65 cm mit Fransen

Material: feines Jutegarn

Die Bänder sind im Rosettenmuster geknüpft. Nach je zwei Rosetten werden zusätzliche Schnüre eingearbeitet, so dass wir immer grössere Rosetten erhalten. Die beiden jeweiligen Randschnüre werden zusätzlich mit Frivolitätknoten umknüpft.

Die bemalten Holzglöcklein sind mit Erbsknoten direkt in die Arbeit eingeknüpft worden.

3. Knüpfen mit Kerbschnitzen

Die Knüpfvorschläge mit den bemalten Holzarbeiten gelten genau so für das Kerbschnitzen. Die Bauernmalerei kann durch ein Kerbschnitzmuster ersetzt werden. Was für die eine dieser Techniken gilt, hat für die andere auch seine Gültigkeit. Darum beschränken wir uns hier auf andere Gestaltungsmöglichkeiten.

Dreifache Wunderblume

Höhe: 68 cm

Material: hellbeige und dunkelbraune Sisalschnur

Die geschnitzten Blumen werden mit zweifarbigen Frivolitätknoten umknüpft. Jede Blüte wird durch ein Flachknotenband mit der nächsten verbunden.

Die Blätter sind in satten Frivolität- und Kettenknoten gearbeitet.

Rund um die Holzblüten ist eine Kerbe eingelassen; darin sitzt die mit Frivolitätknoten eingeknüpfte Leitschnur fest!

Einfache Wunderblume

Höhe: 35 cm

Material: hellbeige und dunkelbraune Sisalschnur

Ausführung wie oben beschrieben.

Stern mit Kerbschnitzmuster

Material: beige und dunkelbraune Sisalschnur

Jede Sternzacke misst vom Anschlag bis zur Schlussfranse 18 cm

Pro Sternzacke werden sechs beige Schnüre benötigt, die man an den ausgesägten Schlitzen im Brettchen befestigt. Nun wird ringsum eine Rippentour geknüpft. Nach dem Anknüpfen der beigen Schnüre werden jeweils zwischen den einzelnen Zackenfeldern je zwei dunkelbraune Schnüre in diese Rippentour eingearbeitet. Damit wird der sich sonst ergebende Zwischenraum ausgefüllt.

Nun schneiden wir für jede Sternzacke noch eine neue dunkelbraune Schnur. Mit der Mitte dieser Schnur knüpfen wir eine senkrechte Rippenknotenreihe über sämtliche Schnüre einer Sternzacke. Durch diese Knotenreihe erhalten wir eine zusätzliche Schnur auf beiden Seiten einer Zacke, d.h. wir haben jetzt auf jeder Seite drei dunkelbraune Schnüre.

Das beige Knüpfmuster besteht aus versetzten Musterbigeli zu je zwei halben Flachknoten. Die dunkelbraune Randeinfassung ist in Rippenknoten geknüpft, wobei auf beiden Seiten immer vom Rand her zum Muster hin gearbeitet wird. Für jede neue Rippentour nehmen wir die erste angeknüpfte Schnur der vorausgegangenen Tour als Leitschnur, und am Schluss der Tour knüpfen wir die alte Leitschnur an die neue.

4. *Knüpfen mit Handweben und Sticken*

Handgewobene Tischläufer

Beim Handweben und Sticken haben wir vor allem die Möglichkeit, schöne Abschlussfransen zu knüpfen.

Das Bild oben zeigt uns zwei handgewobene Tischläufer mit geknüpftem Randabschluss. Wir sehen nur je eine Läuferhälfte.

Gestickte Wandbehängli

Auf diesem Bild haben wir Ausschnitte aus zwei schmalen Wandbehängen. Das Werk rechts im Bild ist noch nicht fertig ausgearbeitet. Bei beiden Wandbehängen wurden Stickfäden in den Stoff eingezogen, und mit einer kleinen Knüpffranse wurde ein Abschluss gestaltet. Bei der Arbeit rechts im Bild müssen die Fäden der linken Musterecke noch zum Vernähen auf die Rückseite gezogen werden.

NEUE KNÜPFVORSCHLÄGE

1. Verschiedene Lampenschirme

In «wir knüpfen» finden wir bereits eine Anzahl geknüpfter Lampenschirme, doch wird immer wieder nach neuen Ideen gefragt und gesucht. Deshalb habe ich mich entschlossen, in diesem Band nochmals ein paar der schönsten Lampenschirme, die ich bis jetzt gesehen habe, zu zeigen. Dabei wird auch deutlich, dass wir wirklich jedes beliebige Lampengestell um- und einknüpfen können.

Grosser Lampenschirm mit kleinen Lämpchen

	Grosser Schirm	Kleiner Schirm
Durchmesser oben:	23 cm	11 cm
Durchmesser unten:	33 cm	13 cm

Material: gold- und eierschalenfarbenes Leinengarn

Diese Arbeit möchte zeigen, dass wir nicht unbedingt immer ein neues Lampengestell einknüpfen müssen. Hier wurde der brüchige alte Stoff entfernt, und dann wurden die alten Gestelle neu eingeknüpft.

Das Grundmuster ist bei den drei kleinen und dem grossen Lampenschirm in Flachknoten gearbeitet, und in allen Schirmfeldern wurden entsprechend grosse Musterecken geknüpft. Bei jedem Schirmfeld wurde die Schnurfarbe gewechselt. Wir haben also im Wechsel ein goldfarbenes Feld und dann ein weisses Musterteil.

Alte Schmiedeisenlampe

Durchmesser oben:	7 cm
Durchmesser unten:	35 cm
Höhe:	32 cm
Material:	naturfarbenes Sattlergarn

Dieser Lampenschirm ist ausschliesslich im Flachknotenmuster Nr. 1 geknüpft. Neue Schnüre wurden jeweils – bei Bedarf – bei den Gestellstäbchen zugesetzt, und dies rundherum in möglichst gleichmässigen Abständen.

Der fertiggeknüpfte Schirm wurde anschliessend in den schönen alten Schmiedeisenrahmen eingesetzt.

Halbrunder Lampenschirm

Erster Durchmesser oben:	18 cm
Zweiter Durchmesser oben:	13 cm
Durchmesser unten:	40 cm
Material:	Leinenschnur

Zu Beginn wird vom ersten zum zweiten oberen Gestellring eine Mustereckentour in der entsprechenden Höhe gearbeitet. Aus Platzgründen werden beim zweiten, engeren Gestellring nicht alle Schnüre angeknüpft, ein paar der Schnüre sind nur unter dem zweiten Ring durchgezogen.

Wenn wir das Bild genau betrachten, sehen wir, dass die gespannten Musterschnüre, welche von rechts nach links führen, nur an jedes dritte Stäbchen geknüpft sind, d.h. beim ersten werden sie unter und beim zweiten über das Stäbchen geführt, um beim dritten im Rippenknoten angeknüpft zu werden.

Die Schnüre, die von links nach rechts laufen, werden jeweils an zwei Stäbchen geknüpft, und über das dritte werden sie nur gespannt weitergeführt.

Bei den markierten Stellen ist rundherum über jedem dritten Stäbchen je eine Schnur zugesetzt worden.

Aus lichttechnischen Gründen ist dieser Lampenschirm mit orangem Futterstoff abgefüttert worden.

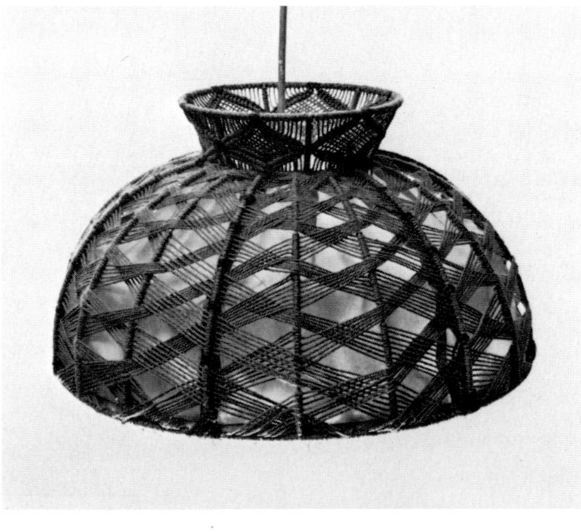

Nostalgischer Lampenschirm

Durchmesser oben:	6 cm
Durchmesser unten:	46 cm
Höhe:	25 cm
Material:	feine Juteschnur

Das Grundmuster besteht aus einem netzartigen Flachknotenmuster. Die zusätzlichen Schnüre werden jeweils über den Gestellstäbchen eingesetzt. Dann werden über der Dachspitze jeder Mustergruppe noch neue Schnüre eingeknüpft.

Das Abschlussmuster besteht aus strahlenförmigen Rippentouren mit einer langen Schlussfranse. Aus lichttechnischen Gründen musste dieser Lampenschirm abgefüttert werden.

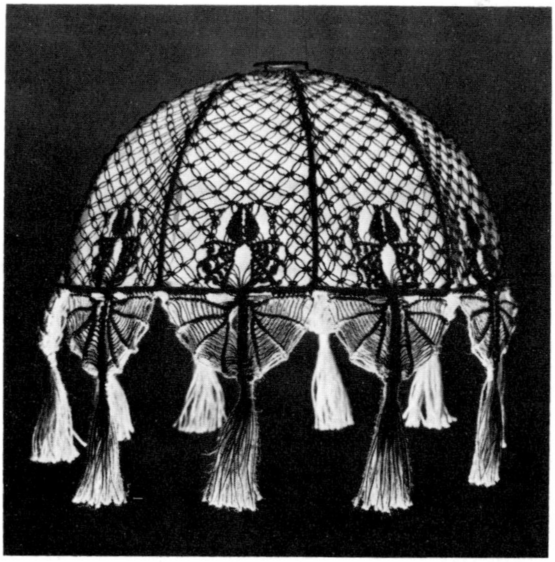

Grosser Lampenschirm
Durchmesser oben: ca. 20 cm
Durchmesser unten: ca. 65 cm
Höhe: 50 cm
Material: dunkelbeige Hanfschnur
Der obere Musterteil ist im Flachknotenmuster Nr. 1 gearbeitet. Dann folgen dreifache Dachmuster mit Rippenknoten. Auf jeder Dachseite sind bei der ersten Rippentour je vier neue Schnüre zugesetzt worden.

Nach dem jeweiligen Anknüpfen von je zwei Flachknotenschnüren an die Leitschnur wird eine neue Schnur im Rippenknoten dazwischengeknüpft. Nun werden aus den dreifachen Dachmustern heraus die neuen Dachmuster für die grossen Musterecken gearbeitet. Zwischen je zwei Dachseiten werden nochmals neue Schnüre eingeknüpft. Das Detailbild links zeigt diesen Arbeitsgang klar. Nach diesem erneuten Schnureinsatz werden die Josefinenknoten in die Musterecken geschlungen und die Ecken fertig geknüpft. Bis zur abschliessenden Mustereckenbordüre wird die Arbeit im Flachknotenmuster weitergeführt. Die Schlussecken sind mit dreifachen Rippentouren eingerahmt, und alle haben einen Josefinenknoten als Füllmuster.

Die Ausschnittbilder zeigen den schönen Abschlusszackenrand von vorn und von hinten. Die Schnurenden sind einfach zurückgeschnitten und auf der Innenseite festgeleimt worden. Ein geflochtener Zopf wurde seinerseits auf die Schnurenden geleimt, was den sauberen Abschluss ergibt.

Hoher Lampenschirm

Durchmesser:	25 cm
Höhe:	110 cm
Material:	mittelgrobes, rohweisses Leinengarn Es wurden ca. 10m lange Schnüre geschnitten

Dieser Lampenschirm wird von oben bis unten im selben Muster gearbeitet. Das Detailbild zeigt die Ausführung deutlich.

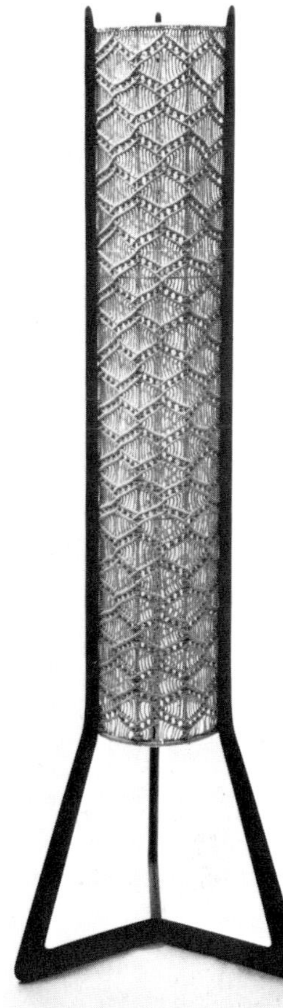

Lampenschirm mit senkrechtem Bordürenmuster

Durchmesser oben: 25 cm
Durchmesser unten: 47 cm
Höhe 30 cm
Material: Sattlergarn

Das Grundmuster ist im Flachknotenmuster Nr. 1 geknüpft. Die erforderlichen neuen Schnüre werden immer über den Eckgestellstäben eingesetzt.

Das Bordürenmuster besteht aus einer zweifachen Mustereckenreihe; bei der versetzt gearbeiteten Einzelecke wird beidseitig eine Randzacke in Rippenknoten geknüpft.

Auf dem Detailbild ist das Muster klar ersichtlich.

Lampenschirm mit Blumenmuster

Gestellhöhe: 30 cm
Durchmesser oben: 25 cm
Durchmesser unten: 30 cm
Material: gebeuchtes, mittelgrobes Leinengarn
Pro Feld: 14 Schnüre à 3,3 m

Die Lampe ist im Flachknotenmuster Nr. 1 geknüpft. Nach etwa 14 cm Knüpfhöhe beginnt das Blumenmuster. Bevor wir mit den beiden oberen Blumenblättern beginnen, knüpfen wir mit den mittleren

zwölf Schnüren in jedem Feld ein kleines Flachknotendreieck. Nun nehmen wir von jeder Feldseite her die sechste und die fünfte Schnur als Leitschnüre und knüpfen die restlichen acht Schnüre von jeder Seite im Rippenknoten an. Mit der vierten und dritten Schnur auf jeder Seite arbeiten wir die senkrechten Rippenknoten in die Blumenblätter. Mit der zweiten und ersten Schnur als Leitschnüre werden die beiden letzten Rippentouren geknüpft.
In der Blumenmitte wird nun mit den je sechs Schnüren der beiden Blätter ein Karoknoten geschlungen.
Die unteren Blätter werden gegengleich geknüpft, doch vorher muss das Verbindungsmuster von einem Feld zum andern ausgeführt werden. Dazu nehmen wir von zwei zusammenstossenden Feldern die ersten vier Schnüre, d. h. je zwei und zwei, und knüpfen den ersten Flachknoten. Nun wird auf jeder Seite immer die nächste Schnur aufgenommen; damit wird ein neuer Flachknoten um stets dieselben Leit- oder Einlageschnüre geschlungen. Das ergibt sieben Flachknoten in senkrechter Linie.
Nach dem Blumenmuster wird im Flachknotenmuster weitergeknüpft, bis die erforderliche Höhe erreicht ist.
Obwohl das Lampengestell konisch ist, wurden hier keine neuen Schnüre zugesetzt. Das Flachknotenmuster wurde nach unten entsprechend lockerer gearbeitet. Beim Abknüpfen wurden ein Teil der Schnüre dreimal um das Gestellstäbchen geschlungen, um Hohlräume zu vermeiden.

Lampenschirm auf Keramikfuss

Durchmesser oben:	36 cm
Durchmesser unten:	40 cm
Höhe:	37 cm
Material:	Leinenschnur

Zuerst werden die senkrechten Stäbchen mit einem Schnurfaden umwickelt. Dann wird der Lampenschirm mit einer Schnurrolle in senkrechter Linie umspannt. Am oberen Rand wurde nach jeweils vier Spannschnüren ein zusätzlicher Umgang um den Gestellring ausgeführt. Beim unteren Rand wird diese zusätzliche Umwicklung nach je zwei Spannschnüren ausgeführt.

Für das eigentliche Knüpfmuster werden an jedem senkrechten Gestellstäbchen und in der Mitte der dazwischenliegenden Felder je sechs Schnüre eingeknüpft, wobei jeweils zwei Schnüre für eine Schnur gerechnet werden. In den Feldmitten werden diese Doppelschnüre jeweils an ein Schnurbündchen von vier Schnüren geknüpft. Das Knüpfmuster ersehen wir aus der Detailaufnahme.

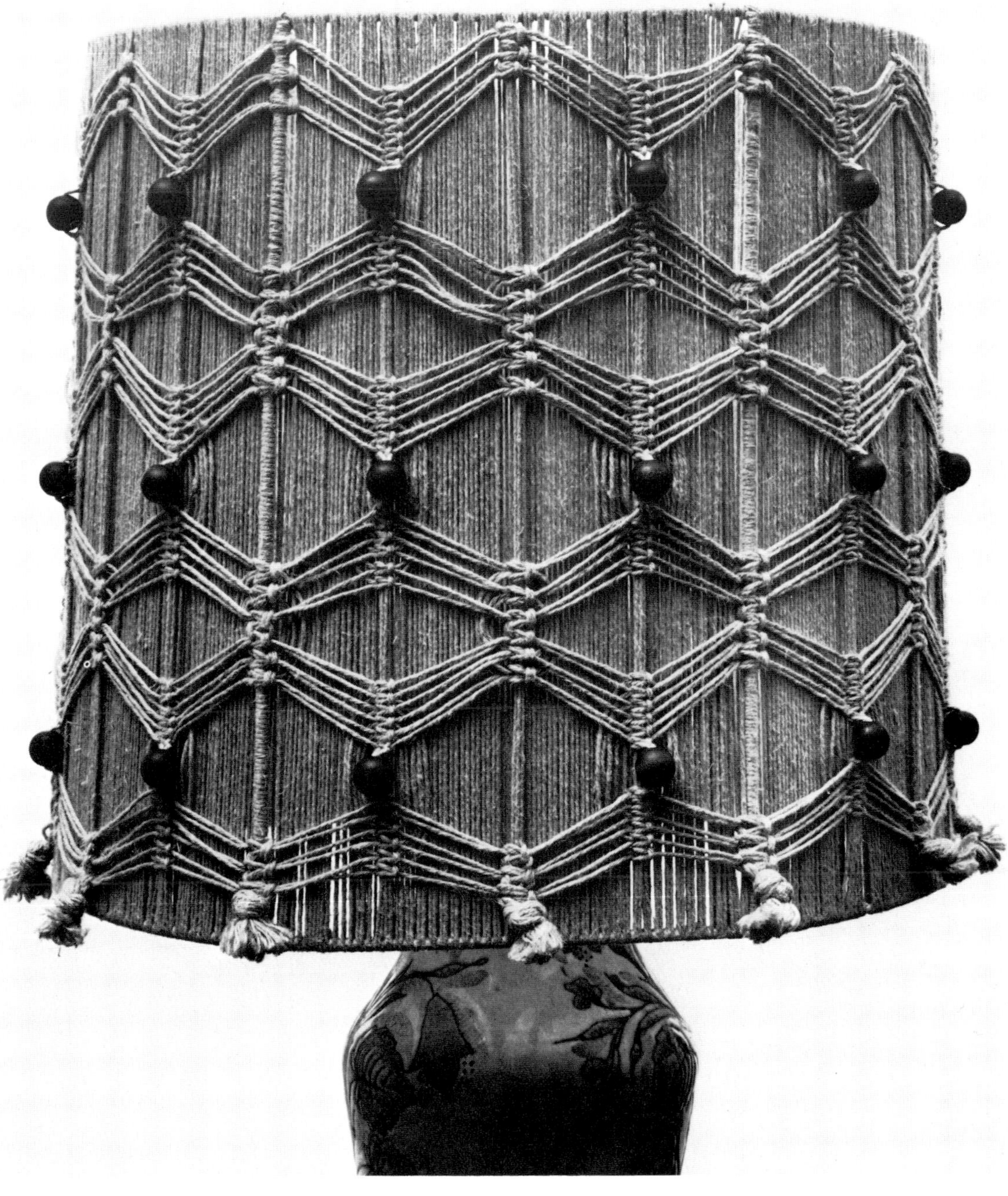

Lampenschirm auf Messingfuss

Durchmesser oben:	12 cm
Durchmesser unten:	32 cm
Höhe:	30 cm
Material:	feiner, rohweisser Baumwollzwirn

Das Grundmuster ist im Flachknotenmuster Nr. 1 geknüpft. Das Detailbild zeigt, wie das untere Muster gearbeitet ist. Das obere Muster besteht zum Teil aus gleichen Musterteilen, nur wurde die mittlere Musterecke ein wenig grösser gestaltet und hat ein Füllmuster, das aus vier ganz kleinen Musterecken besteht. Beachten wir auch das schöne Abschlussmuster!

Auch dieser Lampenschirm wurde abgefüttert.

Lampenschirm auf Messingfuss

Durchmesser oben:	18 cm
Durchmesser unten:	32 cm
Höhe:	23 cm
Material:	feines, hellbeiges Leinengarn

Der ganze Lampenschirm ist mit denselben Musterecken versehen. Die Musterecken sind mit dreifachen Rippentouren umrandet, und das Füllmuster besteht aus zwei halben Flachknoten, die mit je drei und drei Schnüren geschlungen sind.
Dieser Lampenschirm wurde ebenfalls abgefüttert.
Am untern und obern Rand wurde je ein separat geknüpftes Kettenknotenband als Abschluss aufgenäht.

Lampenschirm auf gedrechseltem Holzfuss

Durchmesser oben:	30 cm
Durchmesser unten:	35 cm
Höhe:	35 cm
Material:	rohweisses Leinengarn

Dieser Lampenschirm ist ausschliesslich im Doppelkreuzmuster gearbeitet, das auf Seite 26 im Aufbau gezeigt wird.

Das Ausschnittbild zeigt den obern Randabschluss: Er besteht aus einem separat geknüpften, schmalen Bändchen im erwähnten Muster. Nachdem der Lampenschirm abgefüttert war, wurde dieses Musterbändchen am obern Rand aufgenäht.

2. Neue Taschen

Abendtasche an silberfarbenem Metallbügel

Bügelbreite: 17 cm
Taschenbreite: 22 cm, über dem Boden gemessen
Taschenhöhe: 16 cm
Material: schwarze Kunstseidenkordel
Wir schneiden 80 Schnüre à 2,30 m

An beide Taschenbügelseiten werden je 32 Schnüre à 2,3 m geknüpft. Das Knüpfmuster besteht aus vierblättrigen Blumen mit einem Karoknoten in der Blumenmitte. Jedes Blumenmuster wird mit 16 Schnüren ausgeführt.

Auf beiden Taschenseiten werden jeweils am Rand noch je acht Schnüre zugesetzt, so dass wir zum Schluss 160 Knüpfschnüre haben. Wenn die beiden Taschenseiten bis zur seitlichen Bügelhöhe gearbeitet sind, werden die beiden Teile miteinander verbunden, d.h. es wird dann rundum geknüpft.

Nach 16 cm Höhe wird ein kleiner Boden geknüpft. Jeder halbe Taschenboden zählt je vier Rippentouren.

Abendtasche an goldfarbenem Metallbügel
Bügelbreite: 15 cm
Taschenbreite: 19 cm, über der Bordüre gemessen
Taschenhöhe: 18 cm
Material: dunkelbraune Kunstseidenkordel
Wir schneiden 44 Schnüre à 1,8 m
12 Schnüre à 1,65 m

Je 22 Schnüre werden auf jeder Taschenseite an den entsprechenden Bügelteil geknüpft. Nun wird jede Taschenseite für sich im Flachknotenmuster Nr. 1 bis zur seitlichen Bügelhöhe gearbeitet. Dann werden auf jeder Taschenseite an beiden Rändern je drei Schnüre à 1,65 m eingesetzt, und dann wird die Tasche rundum weitergeknüpft. Abschliessend wird ein Bordürenmuster mit Musterecken gearbeitet. In die Musterecken sind Karoknoten eingeknüpft, d.h. in den versetzten Ecken besteht das Füllmuster aus einem Flachknoten. Bei dieser Tasche wurde kein Boden eingeknüpft. Die beiden Teile wurden auf der Tascheninnenseite ohne Boden zusammengeknüpft.

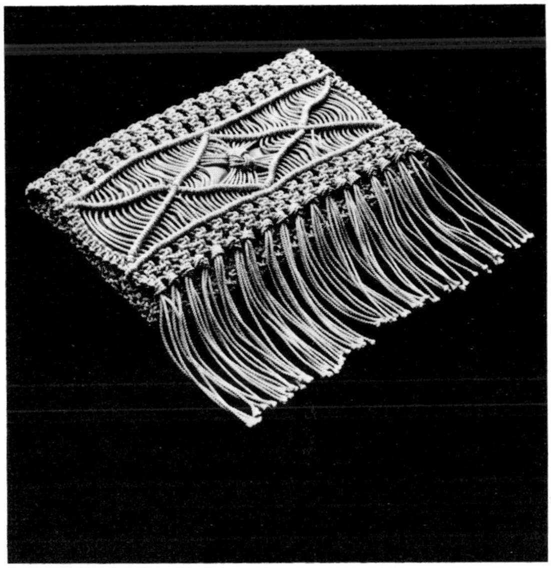

Goldfarbenes Abendtäschchen

Breite: 36 cm

Höhe: 15 cm ohne Fransen

Material: goldfarbene Kunstseidenkordel

Beim Modell sind 36 Schnüre à 3,4 m verarbeitet worden

Diese Tasche besteht aus einer 40 cm langen Musterbahn. Das fertig gearbeitete Stück wird in die entsprechende Form gelegt und auf beiden Taschenseiten zusammengenäht. Nach dem Anschlag wird mit den 72 Knüpfschnüren zuerst der Vorderteil und gleich anschliessend der Rücken der eigentlichen Tasche geknüpft. Das Flachknotenmuster wird nach je $1^1/_2$ Flachknoten versetzt gearbeitet. Bevor wir zur Musterbordüre beim Überschlag kommen, werden vier Musterbigelitouren zu je $2^1/_2$ Flachknoten als Anfang des Taschenüberschlags geknüpft. Nach dem Bordürenmuster folgen drei Musterreihen zu je $1^1/_2$ Flachknoten, bevor die Schlussfransen geschlungen werden.

Das Füllmuster in der Musterecke besteht aus einem Karoknoten.

Tasche an Holzbügel

Bügelbreite: 22 cm

Taschenbreite: 22 cm beim Anschlag
28 cm beim Rundumknüpfen

Taschenhöhe: 19 cm

Material: feine Zwickschnur

Die Tasche wurde separat geknüpft und erst nachträglich an den Holzbügel montiert (festgenäht). Die beiden Taschenseiten werden bis zur Rippentour nach der ersten Musterreihe separat gearbeitet. Dann werden auf beiden Seiten zusätzliche Schnüre zwischen die beiden Seitenteile gelegt, d.h. ab hier wird rundum geknüpft, und die neuen Schnüre werden gleich mitverknüpft. Die Tasche wird um einiges länger als vorgesehen gearbeitet, und am Schluss wird rundum eine Falte gelegt, so dass wir auf beiden Seiten kleine Einstecktäschchen erhalten. Die eingelegte Falte wird auf beiden Seiten und je in der Taschenmitte mit Schnurstichen festgeheftet.

Das Muster besteht aus einem doppelten Kreuzmuster mit dazwischen gearbeiteten, waagrechten Rippentouren.

Tasche mit Achselträger

Taschenbreite: 25 cm
Taschenhöhe: 22 cm
Überschlaghöhe: 18 cm
Material: feines beiges Leinengarn

Diese Tasche wurde in einer Bahn gearbeitet, und zwar beginnt man beim Überschlag. Dieser Teil wird im Doppelkreuzmuster gearbeitet. Nach erreichter Höhe wird im Flachknotenmuster Nr. 1 weitergeknüpft, bis zur erforderlichen Länge für Rück- und Vorderseite der Tasche.
Der Achselträger wird separat geknüpft und ist ca. 5 cm breit. Bei genügender Länge – sie wird stets der Trägerin angepasst – wird der Träger in die zurechtgefaltete Tasche als Seitenteil eingenäht. Auf dem Bild unten ist das gut erkennbar.

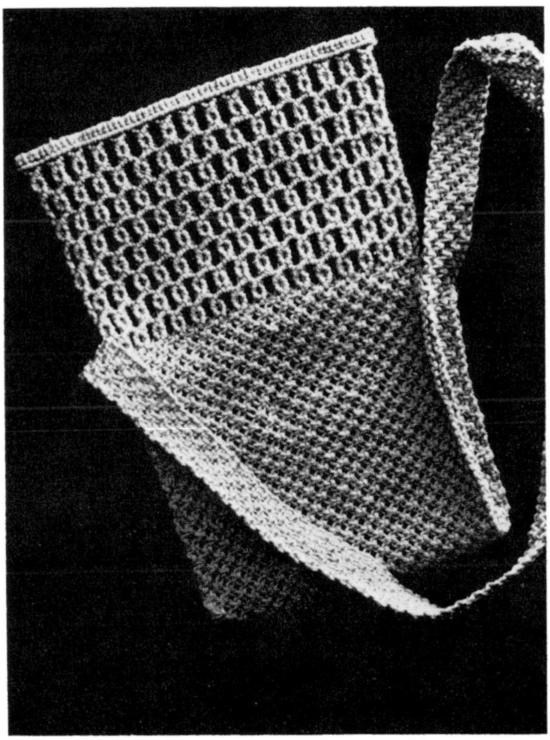

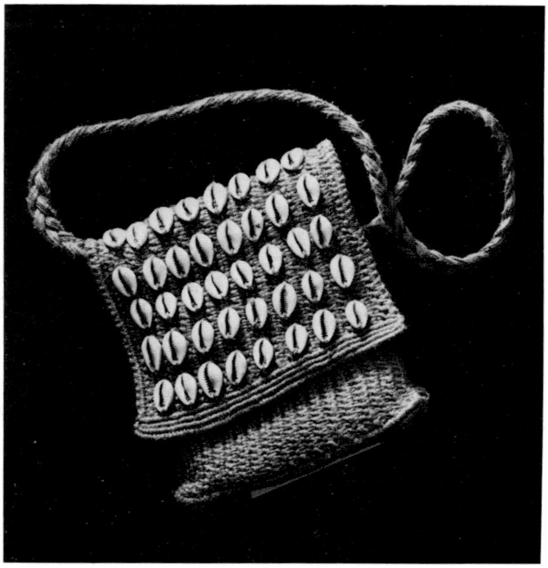

Die nächsten beiden Taschenmodelle möchten zeigen, dass wir durch das Einknüpfen verschiedener Gegenstände unserer Arbeit ein spezielles Gepräge geben können.

Tasche mit eingeknüpften Muscheln
Taschenbreite: 20 cm
Taschenhöhe: 20 cm
Überschlaghöhe: 18 cm
Material: taubengraues Leinengarn
Diese Tasche wird im Flachknotenmuster Nr. 4 gearbeitet. Wir beginnen mit vier Rippentouren beim Überschlag. Dann wird im Flachknotenmuster weiter gearbeitet, wobei die kleinen Muscheln in fünf Reihen gleich ins Muster eingeknüpft wurden. Bei 18 cm Überschlaghöhe folgt eine Rippentour; die Leitschnur für diese Tour wird doppelt gelegt und so bemessen, dass die neuen Schnüre für die Taschenvorderseite angeknüpft werden können. Die Tasche wird also nach dem Überschlag rundum gearbeitet. Abschliessend wird ein schmaler Boden eingeknüpft.

Tasche mit eingeknüpften, rohfarbenen Holzperlen

Taschenbreite:	26 cm
Taschenhöhe:	26 cm
Überschlaghöhe:	22 cm
Material:	weinrote Juteschnur

Die Arbeit beginnt beim Taschenüberschlag. Die Schnüre werden mit einem Bogenpicot, in welches bereits eine Holzperle eingezogen wird, im Rippenknoten an eine entsprechende Leitschnur geknüpft. Zwischen je zwei Rippentouren wird eine Musterreihe mit eingezogenen Holzperlen gearbeitet. Über und unter jeder Perle wird ein Abschlingknoten geschlungen; so bleibt die Holzkugel stets am selben Platz. Zwischen je zwei Holzkugeln werden je zwei und zwei Schnüre gekreuzt ebenfalls im Rippenknoten an die jeweilige Leitschnur geknüpft.

Nach dem Holzperlenmuster am Überschlag werden noch ein paar Flachknotentouren angefügt. Mit Hilfe einer neuen Leitschnur werden neue Schnüre angeknüpft, und dann wird die Tasche rundum gearbeitet, im Flachknotenmuster Nr. 1. Abschliessend wird ein schmaler Boden in Rippenknoten geknüpft. Der Träger ist ca. 5 cm breit, im selben Muster gearbeitet wie der Taschenüberschlag.

Die beiden Bilder zeigen uns dreiteilige Taschensets.

Henkeltasche mit Brillenetui und Nastuchtäschchen

Grosse Tasche		Brillenetui	Nastuchtäschchen
Breite:	23 cm	11 cm	12 cm
Höhe:	21 cm ohne Fransen	16 cm	11 cm

Material: synthetische Wolle, braun und beige

Die Henkeltasche und das Nastuchtäschchen sind ausschliesslich im Flachknotenmuster Nr. 1 gearbeitet. Durch das Einsetzen andersfarbiger Schnüre ergeben sich die Längsstreifen von selbst.

Das Brillenetui ist mit Musterecken gestaltet, die durch die Zweifarbigkeit ebenfalls eine ganz andere Wirkung erhalten. Beachten wir auch den hübschen Henkel!

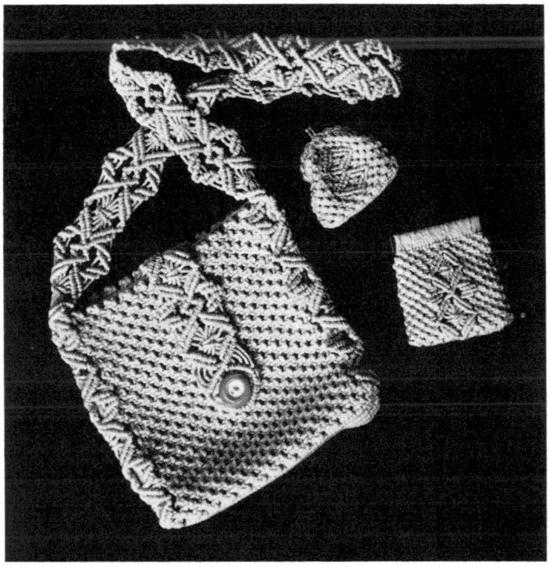

Schultertasche mit Geldbörse und Nastuchtäschchen

	Tasche	Geldbörse	Nastuchtäschchen
Breite:	24 cm	10 cm, über dem Boden gemessen	10 cm
Höhe:	23 cm	7 cm	9 cm
Verschlusshöhe:	18 cm		
Material:	rohweisses Leinengarn		

Das Grundmuster ist bei allen drei Arbeiten das Flachknotenmuster Nr. 1.

Bei Geldbörse und Nastuchtäschchen ist ein Längsbordürenmuster mit Musterecken in der Arbeitsmitte eingeknüpft, wobei beim Nastuchtäschchen zwischen den beiden Ecken noch eine zusätzliche Randzacke eingearbeitet wurde.

Bei der grossen Tasche wurden Schulterträger und Verschlussband im selben Muster ausgeführt.

Am Modell misst der Träger, von einer Taschenbodenseite zur andern, 1,40 m. Das Muster lässt sich ab Bild gut nacharbeiten.

Runde Tasche mit Achselträger

Durchmesser der Tasche: 25 cm
Länge des Musterhenkels: 105 cm
Flachknotenzwischenstück: 20 cm
Material: beiges Leinengarn

Die beiden Taschenseiten bestehen je aus einem einzelnen Flachknotenband à ca. 5,6 m Länge. Diese Bänder werden spiralenförmig zusammengenäht. Aus der Mitte heraus wird eine Runde an die nächste gefügt und mit einem Schnurfaden festgenäht.
Der Musterträger kann von der Mitte her auf beide Seiten gearbeitet werden; so haben wir weniger lange Knüpfschnüre. Zum Abschluss werden die Knüpfschnüre des Trägers von beiden Seiten übereinandergelegt, mit ein paar Stichen zusammengeheftet, und mit nur zwei Schnüren werden sämtliche Schnurenden im Flachknoten eingeknüpft. Der Musterträger wird als Verbindungsstück zwischen die beiden runden Taschenteile genäht.
Auf dem Ausschnittbild ist das Muster für den Achselträger genau zu sehen.

3. Läufer und Sets

Truhenläufer

Länge: 105 cm, von Fransenende zu Fransenende

Breite: 43 cm

Material: naturfarbenes Leinengarn
84 Schnüre à 4,2 m

Wir beginnen den Läufer mit Vorteil in seiner Mitte. Dazu nehmen wir eine Hilfsleitschnur und knüpfen alle Schnüre in ihrer Mitte offen im Rippenknoten an diese Schnur. Das ganze Mittelfeld wird in kleinen Musterecken gearbeitet. Das ergibt, über die ganze Breite, vierzehn Ecken zu je sechs Schnüren. In seiner Länge misst der mittlere Musterteil 52 cm, die beidseitigen Bordüren je 20 cm in der Höhe.
Das Bordürenmuster beginnt mit Flachknotenstäbchen zu je fünf Flachknoten; dann folgt das vierblättrige Blumenmuster, und abschliessend werden nochmals Stäbchen in Flachknoten geknüpft. Die Fransen werden mit den restlichen Schnurenden geschlungen. Das heisst, wir wickeln die Schnurenden zu kleinen Schnurbündchen und knüpfen sie als Zottelfransen an den Flachknotenstäbchen fest.
Die Blumenblätter sind in waagrechten und senkrechten Rippenknoten gearbeitet, und in der Blumenmitte wird ein Karoknoten geschlungen.
Wenn wir mit der ersten Läuferhälfte fertig sind, ziehen wir die Hilfsleitschnur heraus und knüpfen die zweite Hälfte gegengleich.
Die Detailaufnahme zeigt, wie das Bordürenmuster eingeteilt wird.

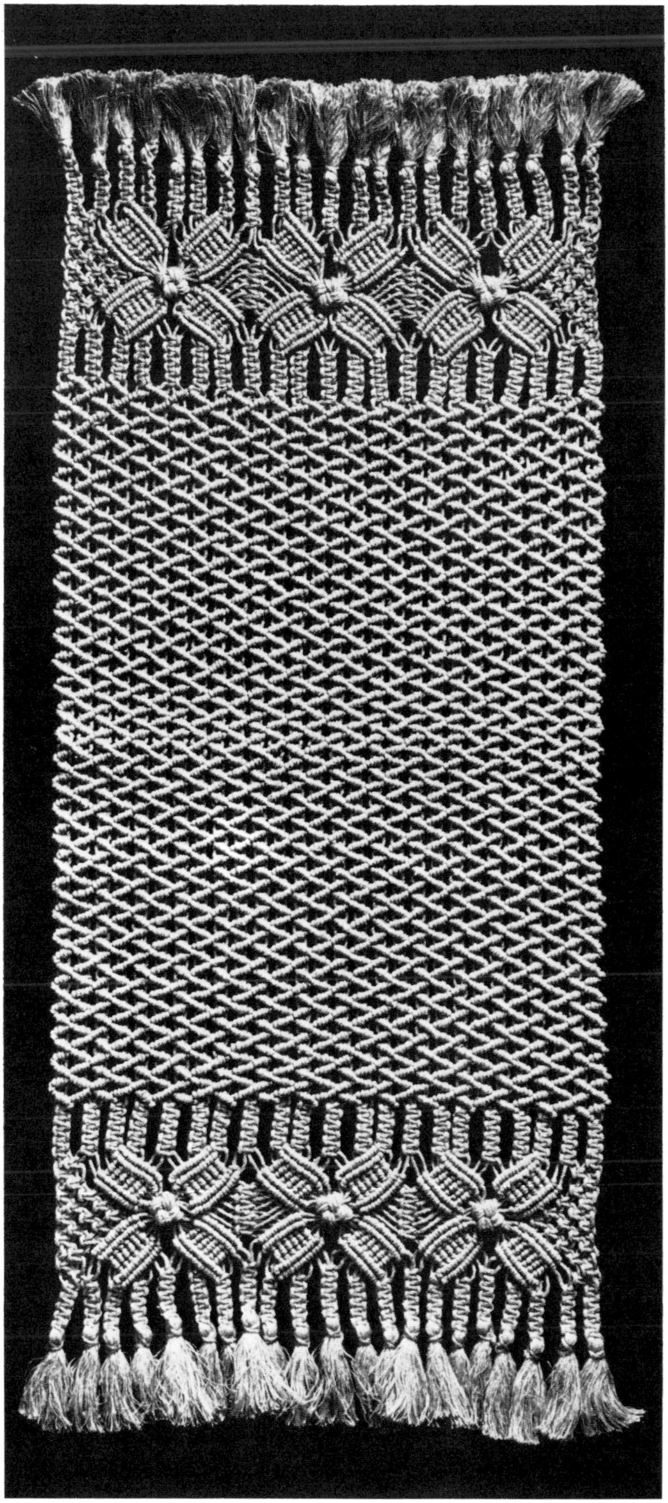

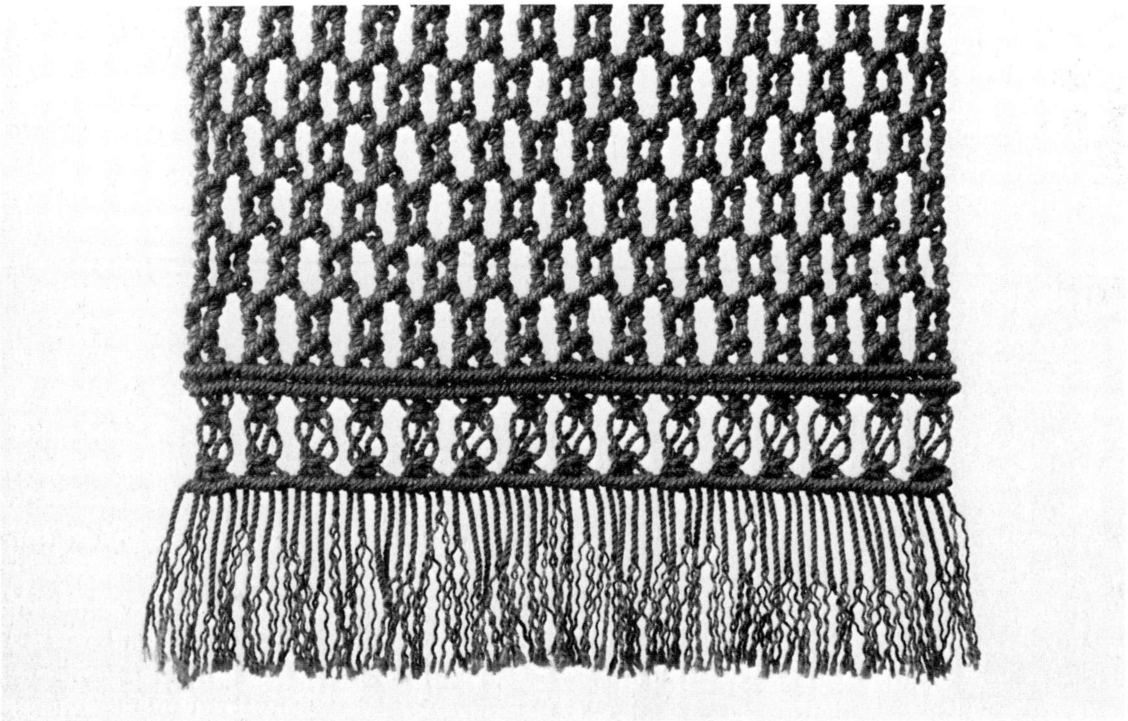

Tisch- oder Truhenläufer
Breite: 38 cm
Länge: 76 cm ohne Fransen
Material: rostrote, synthetische Kordelschnur
Abgesehen von den beidseitigen Randbordüren ist dieser Läufer ausschliesslich im Doppelkreuzmuster gearbeitet.

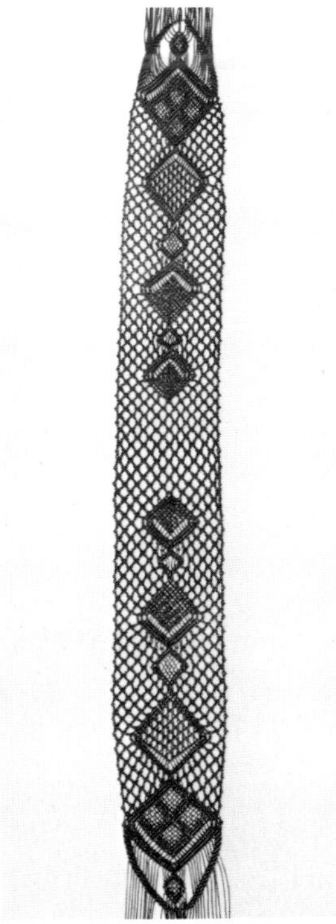

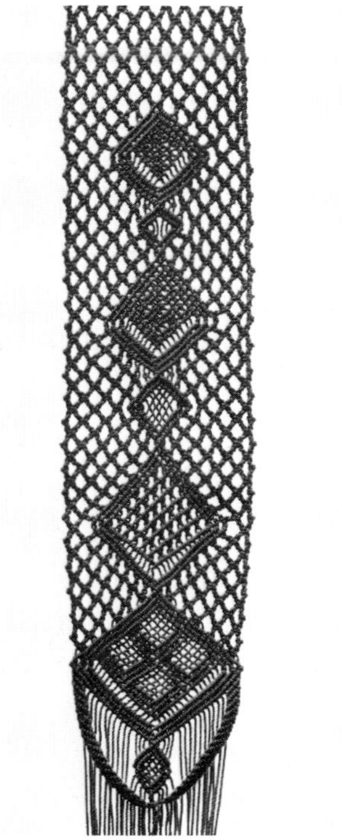

Schmaler Tischläufer

Breite: 20 cm

Länge: 160 cm

Material: beige, synthetische Kordelschnur

Das Grundmuster ist dasselbe wie beim Kirchenfenster (siehe Beschreibung Seite 88). Die kleinen und grossen Musterecken lassen sich anhand der Detailaufnahmen nacharbeiten.

Diese Arbeit hat eine wunderbare Wirkung, wenn sie mitten über einen Tisch läuft und auf beiden Tischseiten die letzten Musterecken samt Fransen herunterhängen.

Dreifarbige Sets (Farbtafel Seite 177)
Breite: 25 cm
Länge: 41 cm ohne Fransen
Die Schnüre sind für alle vier Sets in derselben Länge zugeschnitten worden, nämlich 5 m lang. Diese 5 m langen Schnüre werden in ihrer Mitte im Rippenknoten so an die Leitschnur geknüpft, dass eine Schlingfranse von ca. 3,5 cm über der Anschlagschnur vorsteht. Diese Schlingfranse wird am Schluss der Arbeit in ihrer Mitte aufgeschnitten, so dass wir dieselben offenen Fransen haben wie auf der Abschlussseite. Deshalb könnten die Schnüre auch in der Knüpflänge von 2,50 m zugeschnitten und offen angeknüpft werden.
Alle vier Sets sind mit drei Farben gearbeitet worden, und zwar wurden bei allen Modellen von der jeweiligen Hauptfarbe sechzehn und von den beiden andern Farben je acht Schnüre à 5 m geschnitten. Beim offen Anknüpfen müssten wir demzufolge 32 und je 16 Schnüre à 2,5 m pro Farbe schneiden.
Die Sets beginnen und enden mit einem reichen Bordürenmuster; der Mittelteil besteht aus ungefüllten Musterecken, die mit doppelten Rippentouren eingeknüpft sind.
Oben links sehen wir ein noch unfertiges Set; Schnur- und Farbeinteilung sind aus dem Farbbild gut ersichtlich. Für die drei übrigen Sets liegen ebenfalls farbige Ausschnittbilder vor, auf denen Farb- und Mustereinteilung gut ersichtlich sind.
Die Leitschnur der zweiten Rippentour wird so bemessen, dass die vorstehenden Enden auf beiden Seiten noch als Randschnüre weitergeführt werden können. Diese Randleitschnüre werden dann beidseitig mit den jeweiligen Knüpfschnüren in senkrechten Rippenknoten eingeknüpft.

4. *Wandbehänge*

Es folgen nun eine Anzahl Vorschläge zur Gestaltung von Wandbehängen. Dazu ist folgendes zu sagen: Jede Arbeit kann auch in anderen Massen angefertigt werden. Wir können sie länger, breiter, kürzer oder schmaler ausführen. Wenn wir eine Arbeit mit regelmässigen Musterwiederholungen gestalten, können wir sie um eines oder mehrere Muster verbreitern oder verschmälern. Dasselbe gilt für die Höhe.

Wenn wir eine Arbeit mit einem Flächenmuster ausführen, haben wir dieselben Möglichkeiten. Ein Flachknoten- oder ein kleineres Rippenknotenmuster können wir beliebig verbreitern bzw. verschmälern.

Manchmal kommt es auch vor, dass wir am Schluss der Arbeit finden, der Wandbehang dürfte doch, noch ein wenig breiter sein. Da besteht die Möglichkeit, die Arbeit mit separat geknüpften Bändern auf beiden Seiten zu verbreitern.

Hinzu kommt die Spielerei mit dem Material: Wenn wir für eine Knüpfarbeit feineres Material als angegeben verwenden, wird die Arbeit selbstverständlich schmäler. Auch sind bei feinem Material die Schnüre in der Regel wesentlich kürzer zu schneiden. Denn wenn die Arbeit weniger breit werden soll, wird sie – meistens – auch entsprechend kürzer ausgeführt.

Wandbehang mit grossen Musterecken

Breite: 52 cm
Höhe: 113 cm
Material: grobe Juteschnur
Wir schneiden 3 × 9 m, 4 × 10 m, 9 × 12 m, 2 × 9 m, 9 × 12 m, 4 × 10 m, 3 × 9 m

In dieser Reihenfolge werden die Schnüre an den Stab gehängt, d.h. die je 4 × 10 m Schnüre auf beiden Seiten werden mit Hilfe kleiner Hilfsstäbe bei der ersten versetzten Mustertour eingeknüpft. Es werden immer zwei Schnüre als eine Knüpfschnur genommen.

Für die Bänder werden je 4 × 9,8 m und 1 × 5 m lange Schnüre geschnitten. Die 5 m lange Schnur wird in der Bändermitte angeknüpft.

Die Mustergestaltung ist aus dem Bild gut ersichtlich.

Wandbehang mit Kreuzmuster

Breite: 43 cm
Höhe: 105 cm
Material: grobe Juteschnur
Wir schneiden 20 Schnüre à 10 m für den Wandbehang
2 Schnüre à 25 m und 2 Schnüre à 3,8 m für die Randborte

Zuerst knüpfen wir die 20 Schnüre à 10 m an den Stab, dann folgen auf beiden Randseiten je eine Schnur à 3,8 m. Nun messen wir von den beiden 25 m langen Schnüren je 1,9 m ab und knüpfen die Schnüre an dieser Stelle als letzte auf jeder Randseite dazu. Dadurch haben wir an beiden Seiten drei kurze Einlageschnüre mit einer zugehörigen langen Knüpfschnur erhalten. Mit diesen Schnüren wird die Randborte gearbeitet, d.h. die drei kurzen Schnüre werden von der langen in senkrechten Rippenknoten eingeknüpft.
Das Knüpfmuster im Wandbehang besteht aus versetzten Flachknoten und den gut erkennbaren kreuzförmigen Mustern. Die in diagonaler Richtung gearbeiteten breiten Kreuzbeine beginnen und enden mit einer doppelten Rippentour. Das dazwischen gearbeitete Bordürenmuster besteht aus einer ersten und einer zweiten, versetzt ausgeführten Musterreihe mit einzelnen Rippenknoten.
Die Randborte wird in regelmässigen Abständen, durch jeweiliges Kreuzen der entsprechenden Knüpfschnüre, mit dem Wandbehang verbunden.

Wandbehang an Eisenstab mit Kette
Breite: 27 cm, an der breitesten Stelle gemessen
Höhe: 85 cm
Material: grobe Juteschnur, naturfarbig
Zu Beginn haben wir ein dreieckförmiges Muster mit Flachknoten. Nach dem grossen durchbrochenen Muster wird beidseitig ein gegengleiches Muster mit strahlenförmigen Rippentouren gearbeitet. Der untere Musterteil wird breiter gestaltet und besteht aus dachförmigen Rippentouren mit ganz unterschiedlichen, dazwischen geknüpften Musterreihen.
Nach unten wird die Arbeit wieder schmaler. Die breiten Teile werden in halber Höhe mit Spiralschnüren – in halben Flachknoten vom Anschlag her festgehalten.

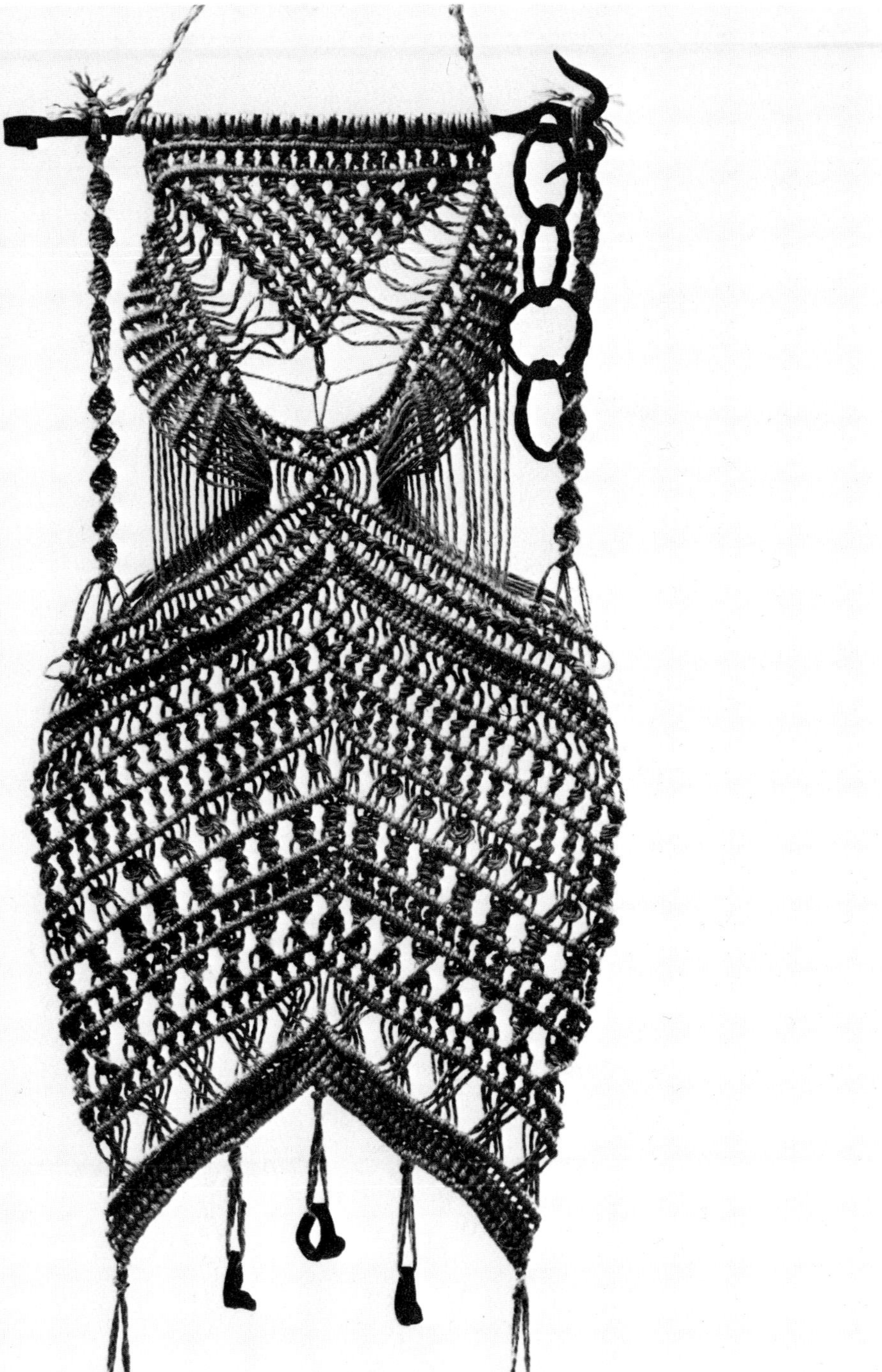

Wandbehang an Holzstab

Ringdurchmesser:	35 cm
Breite:	68 cm
Höhe:	125 cm ohne Fransen
Material:	grobe Juteschnur
	Wir schneiden 10 Schnüre à 8 m – für die seitlichen Bänder
	12 Schnüre à 11 m – für die Wandbehangmitte
	14 Schnüre à 9 m – davon werden je sieben für jede Wandbehangseite angeknüpft

Der Wandbehang beginnt mit zwei durchgehenden Rippentouren. Nachher werden die beiden Randbänder separat im Rundmuster geknüpft. Die Rundmuster sind mit einem Abschlingknoten – und jedes dritte mit einer Holzperle – gefüllt.

Das Grundmuster des Wandbehangs wird im Flachknotenmuster Nr. 1 gearbeitet. Das Ringmuster wird ausschliesslich in Muschelknoten geknüpft, wobei die Knoten ganz willkürlich angeordnet sind. Auf beiden Ringseiten sind drei verschieden hohe Spiralenschnüre in halben Flachknoten gearbeitet, wobei die mittlere jeweils direkt um die Ringeinlage geknüpft wurde. Die vier kleinen Rundmuster im Wandbehang sind mit je einem Muschelknoten gefüllt.

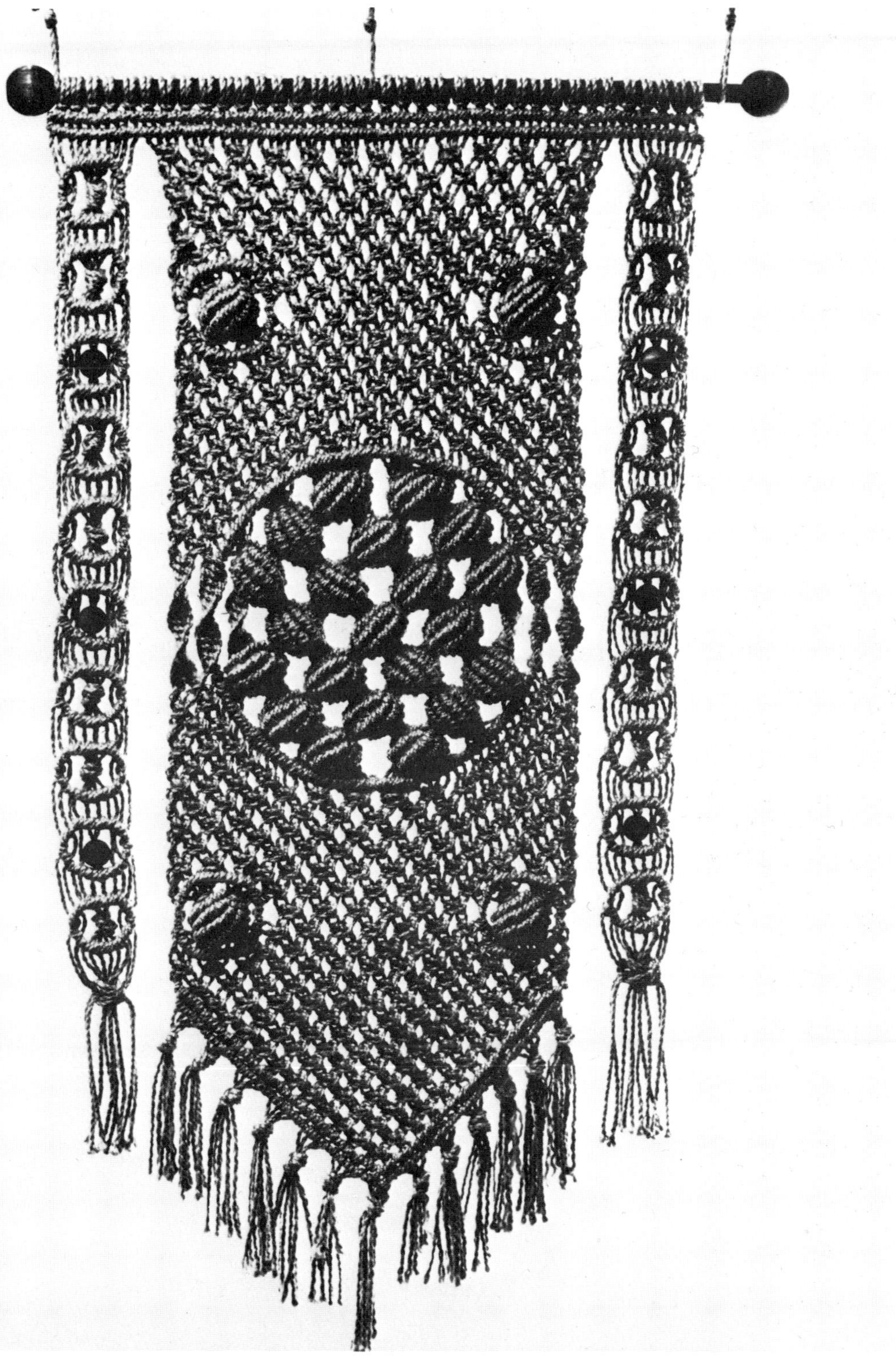

Wandbehang mit farbigen Dreiecken
Breite: 65 cm
Höhe: 80 cm
Material: Juteschnur in vierzehn verschiedenen Farben
Für den Wandbehang wurde haselnussbraune Schnur verwendet. Der Abstand zwischen den waagrechten Rippentouren beträgt ca. 4 cm. Auf beiden Randseiten wird eine Abschlussborte über fünf Schnüre in senkrechten Rippenknoten geknüpft. In die ungeraden Musterreihen werden, über die ganze Breite verteilt, sieben Dreiecke gearbeitet. Jedes Dreieck wurde mit zwanzig Schnüren ausgeführt und – mit einer andersfarbigen Schnur – mit senkrechten Rippenknoten ausgefüllt. Um die Form der Dreiecke zu behalten, war es nötig, die senkrechten Rippenknoten mehrmals gleichzeitig um zwei Schnüre zu schlingen. In den geraden Musterreihen bleiben die Knüpfschnüre gerade gespannt. Ausser den beidseitig geflochtenen Randzöpfen wird jede Abschlussfranse ca. 10 cm hoch mit einer andersfarbigen Schnur satt umwickelt, bevor die braunen Zottelfransen angebracht werden, d.h. diese werden mit den satt umwickelten restlichen Knüpfschnüren und, wenn erforderlich, mit einigen zusätzlichen kurzen Schnüren angefertigt.
Um die vorstehenden Leitschnurenden auf beiden Wandbehangseiten werden mit neuen, verschiedenfarbigen Schnüren Flachknotenstäbchen zu je sechs Knoten geknüpft. Anschliessend werden je zwei und zwei solche Stäbchen zusammengeknüpft und alle Schnurenden entsprechend zurückgeschnitten.

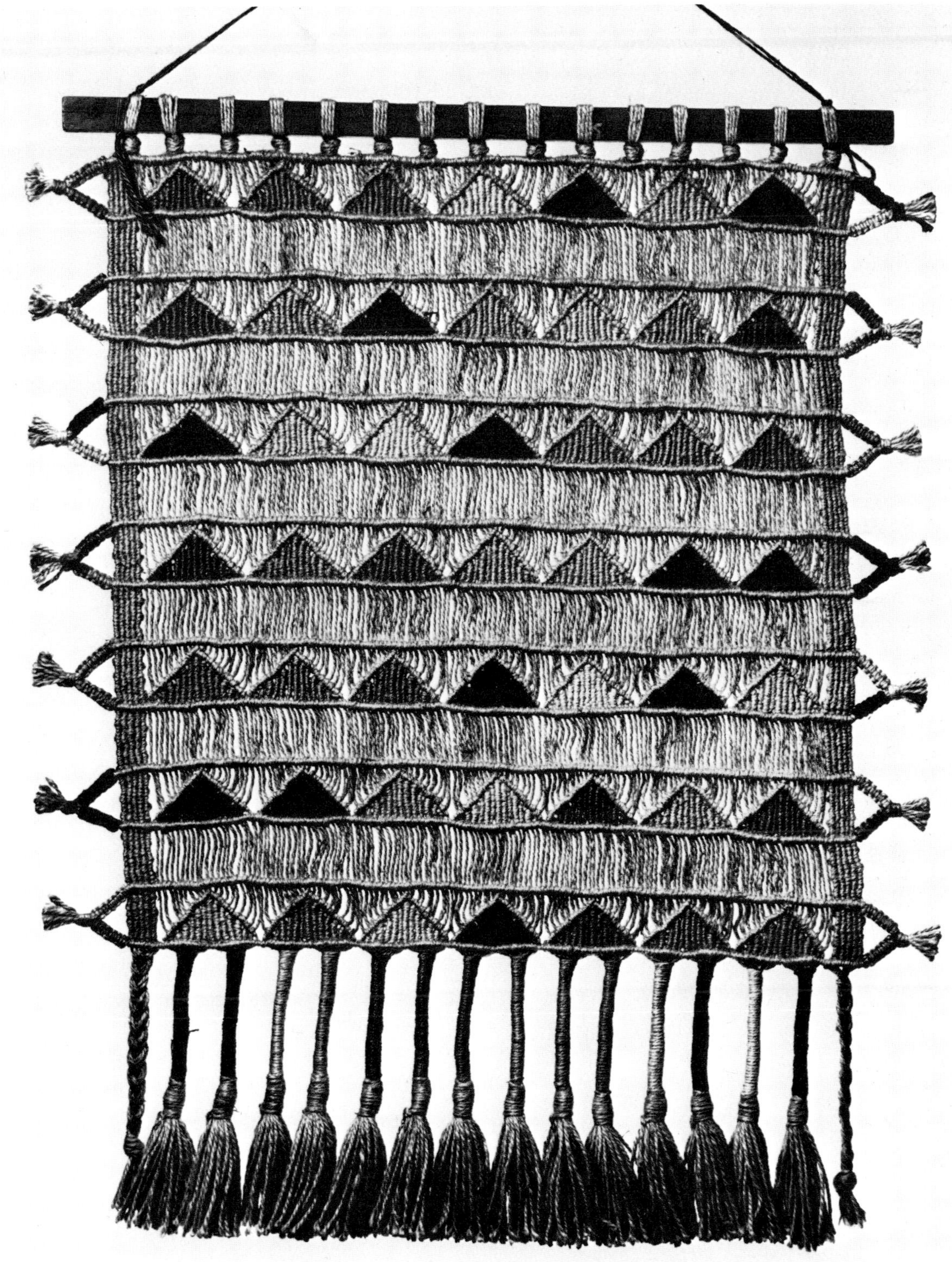

Wandbehang an grosser Holzwurzel (Farbtafel Seite 195)
Breite: ca. 85 cm
Höhe: ca. 60 cm
Material: Sisalschnur, oliv, rostbraun und dunkelbraun
Wie die Farben angeordnet werden, ersehen wir aus dem Farbbild. Der Wandbehang besteht aus drei Rosettenbändern und drei einzeln geknüpften Musterbahnen. Jede Bahn wurde in einer andern Farbe und mit ganz unterschiedlichen Knotenmustern gearbeitet. Die Ausführung ist aus dem Bild gut ersichtlich.

Wandbehang mit Dreieckknoten (Farbtafel Seite 195)
Breite: 38 cm
Höhe: 180 cm
Material: fingerdicke, handgesponnene Teppichwolle
Wir schneiden 16 Schnüre à ca. 12,5 m

Bei diesem wunderbaren Material wäre es schade, ein reiches Knüpfmuster damit zu gestalten. Die unregelmässig eingestreuten und unterschiedlich grossen Dreieckknoten genügen vollauf, um eine gute Gesamtwirkung zu erzielen.

Wandschmuck mit gespannter Zickzack-Applikation

Breite: ca. 40 cm

Höhe: ca. 70 cm

Material: naturfarbige Juteschnur für das Grundmuster
hell- und dunkelbeige, hell- und dunkelbraune Wollschnüre für die gespannte Zickzack-Applikation

Zuerst wird der eigentliche Wandbehang im Flachknotenmuster Nr. 1 geknüpft. Anschliessend werden die Wollschnüre in der entsprechenden Farbreihenfolge unter dem Stab in den Wandbehang eingezogen. Es werden je drei Wollschnüre für eine genommen, d.h. wir legen drei Schnüre zusammen und messen deren Mitte ab, damit wir zwei gleichlange Schnurteile haben. Nun werden diese beiden Schnurteile von der Rückseite auf die Vorderseite gezogen, und zwar so, dass die Schnurmitte auf der Rückseite liegt. So erhalten wir von drei eingezogenen Schnüren sechs Arbeitsfäden. Diese sechs Schnüre werden dann kordelartig zusammengedreht und in Zickzackform auf die geknüpfte Unterlage montiert, d.h. mit separaten Wollfäden in waagrechten Linien festgenäht.

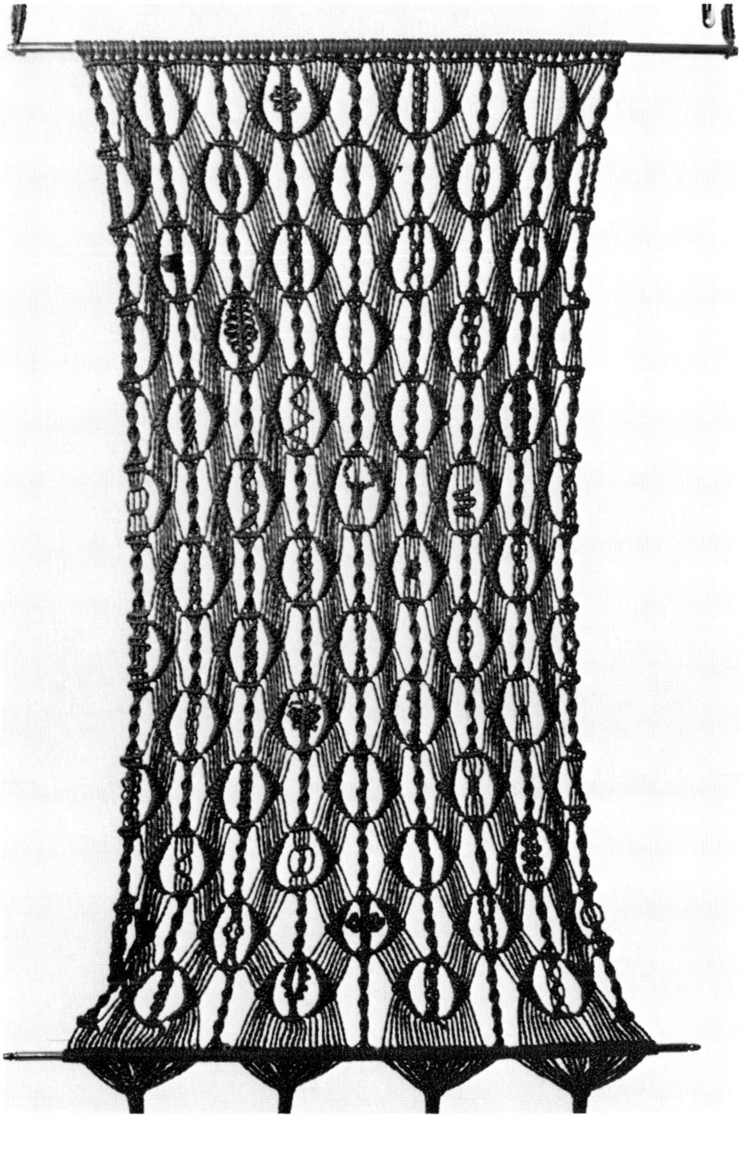

Wandbehang an Messingstab
Breite: ca. 65 cm
Höhe: ca. 100 cm, ohne Fransen
Material: moosgrüne, weiche Wolle
Die ganze Arbeit besteht aus versetzten Vorhangmustern, und jedes der 46 Muster ist mit einem andern Füllmuster versehen. Zwischen je zwei Vorhangmustern wird ein Stäbchenmuster mit halben Flachknoten geknüpft. Beachten wir auch das farbige Ausschnittbild auf Seite 229.

Wandbehang mit eingeknüpften Tonelementen
Breite: 55 cm
Höhe: 100 cm
Material: dunkelbeige Ziegenwolle
Diese Arbeit weist auf ganz neue Gestaltungsformen hin. Obwohl sie von der Knüpftechnik her eigentlich recht einfach ist, vermag sie eine grosse Wirkung auszustrahlen. Die Arbeit beginnt und endet mit je zwei verschieden grossen Dreieckformen, die im Flachknotenmuster Nr. 1 geknüpft sind. Die Rand- und eingeknüpften Musterbänder sind ebenfalls in Flachknoten gestaltet. Bei diesen Bändern werden an beiden Randseiten Flachknoten geknüpft und die entsprechenden Knüpfschnüre der beidseitigen Knoten dann für den nächsten Knoten gekreuzt. Diese Bänder sind eigentlich im Flachknotenmuster Nr. 4 gearbeitet, nur wird der Zwischenraum zwischen den senkrechten Knotenreihen bewusst breiter als üblich gehalten. Auch der erste Teil der Abschlussfransen ist in diesem Muster geknüpft.
In die diagonalen Bänder im Wandbehang wurden übrigens nachträglich dünne Holzstäbchen geschoben, um die Richtung der Bänder zu fixieren. Natürlich bleiben diese Stäbchen unsichtbar, weil sie unter den Flachknoten durchgestossen worden sind.

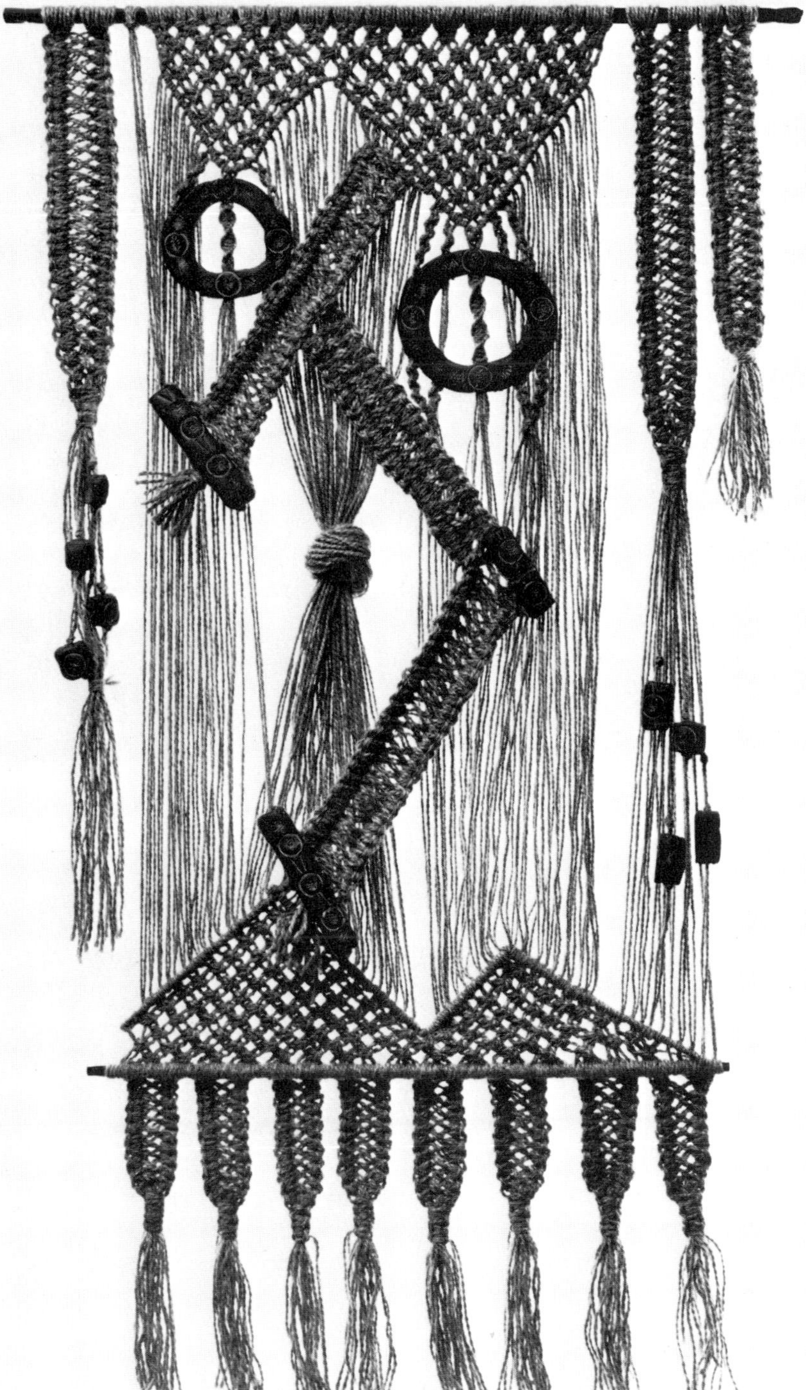

Wandbehang an Spinnradspeiche
Breite: 21 cm
Höhe: 50 cm ohne Fransen
Material: feines, olivfarbiges Baumwollgarn

Der ganze Wandbehang ist im versetzten Vorhangmuster gearbeitet, und jedes Muster weist dasselbe Füllmuster auf. Es beginnt mit einem Flachknoten; dann werden die Schnüre geteilt, und mit je zwei Schnüren werden kleine Stäbchen mit Kettenknoten geschlungen, welche abschliessend wieder mit einem Flachknoten verbunden werden.

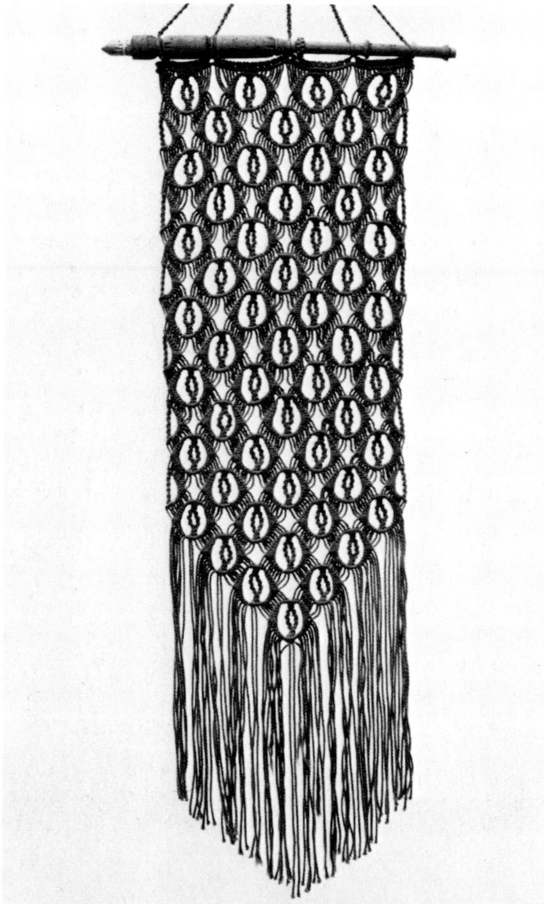

Wandbehang an grosser «Holztrüegle»

Höhe: 75 cm, ohne Fransen

Breite: 28 cm, beim dritten Muster gemessen

Material: hell- und mittelbeige Hanfschnur. Die Schnur ist ziemlich grob und kaum gedreht, also leicht faserig.

Wir schneiden 6 helle und 6 dunkle Schnüre à ca. 6,5 m.

In «wir knüpfen» sind auf den Seiten 147 und 149 die kleineren Geschwister dieses Wandbehangs zu sehen, und weil «der grosse Bruder» so gut gelungen ist, stelle ich ihn hier vor.

Die sechs hellen Schnüre werden durch das Loch in der «Holztrüegle» bis zu ihrer Mitte eingezogen, so dass wir auf jeder Randseite je sechs hellbeige Knüpfschnüre in der halben Schnittlänge haben. Die sechs dunklen Schnüre werden direkt unter der «Trüegle» an vier helle Schnüre angeknüpft. Dazu schlingen wir zuerst mit vier hellen Schnüren einen Abschlingknoten, dann knüpfen wir je drei dunkle Schnüre in ihrer Mitte mit einem Flachknoten einmal über und dann unter diesem Abschlingknoten fest.

Die Leitschnüre der Musterecken werden von den Eckseiten in waagrechter Linie zu den Randseiten und in kleinem Abstand wieder zurückgeführt, d.h. eingeknüpft. In den Musterecken wird mit den übrigen dunklen Schnüren ein grosser Karoknoten geschlungen. Die hellen Randmuster sind in Sustenknoten gearbeitet.

Wandbehang an Holzschraube
Breite: 15 cm
Höhe: 55 cm ohne Fransen
Material: hell- und dunkelbeige Hanfschnur

Der Mittelteil des Wandbehangs und die beiden separat geknüpften Schnurbänder auf jeder Seite sind mit der hellen Schnur gearbeitet. Die beiden Randmuster sind mit den dunklen Schnüren geknüpft.

Der mittlere Musterteil besteht aus Musterecken, gefüllt mit Rippenknoten, wobei das Füllmuster in beiden Eckseiten separat geknüpft ist. Jede Musterecke beginnt und endet mit einem Erbsknoten.

Die beidseitigen Randmuster werden mit gegengleichen Rippentouren in diagonaler Richtung geknüpft, wobei zwischen je zwei Rippenreihen eine Tour einzelne Rippenknoten gearbeitet wird.

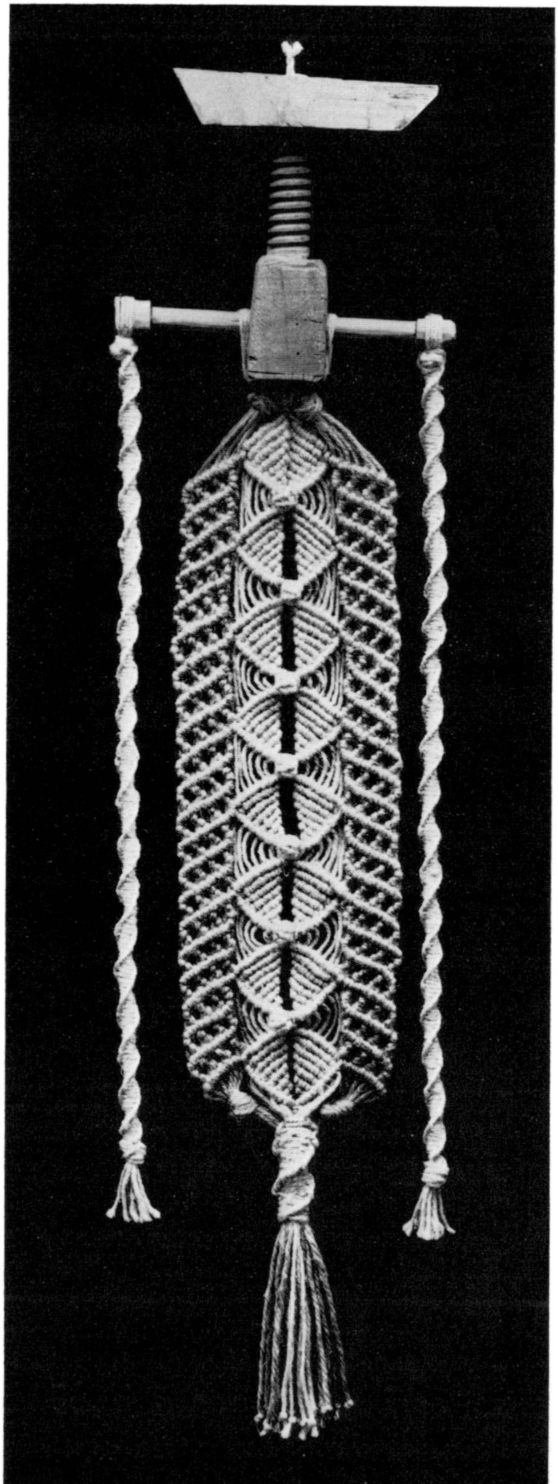

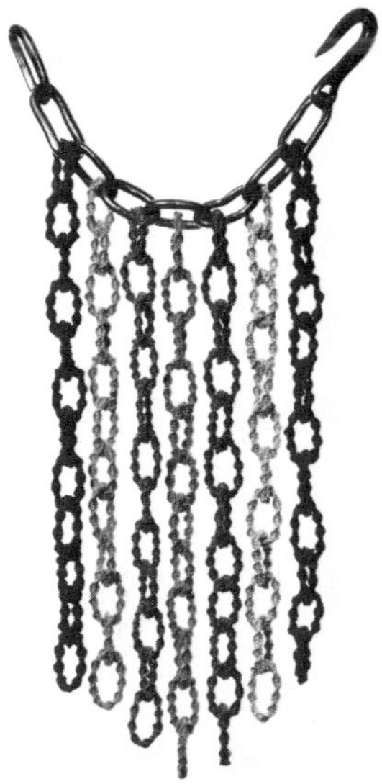

Kettenbänder an alter Eisenkette
Länge der Eisenkette: 60 cm
Länge der geknüpften Kettenbänder: je 60 cm
Material: Juteschnur in sieben verschiedenen Farben
Jedes Kettenband besteht aus zwölf Kettengliedern. Jedes Ringglied ist ca. 6 cm hoch und wird in halben Flachknoten geknüpft. Die Einlageschnur wird vier- bis fünffach geschlungen und muss immer durch das vorhergehende Kettenglied geführt werden. Die Enden der Einlageschnur werden mit ein paar Stichen übereinandergenäht. Mit einer neuen Schnur wird die mehrfache Einlageschnur rundum eingeknüpft. Zum Schluss werden die beiden Knüpfschnurenden mit einer Häkelnadel in das fertige Kettenglied eingezogen. (Siehe Farbbild auf Seite 71)

5. Knüpfen mit alten Garbenbändern

Früher gab es auf jedem Bauernhof Garbenbänder in rauhen Mengen, wenigstens dort, wo Korn und Getreide angepflanzt wurden. Heute braucht man diese Bänder nicht mehr, weil das Getreide maschinell eingebracht wird. An vielen Orten sind deshalb die Bänder vernichtet worden, andernorts hängen sie, vergessen, an irgend einem Nagel.

Die folgenden Knüpfvorschläge zeigen, was man mit solchen alten Garbenbändern machen kann.

Die Garbenbänder variieren in der Länge zwischen ca. 1,5–1,8 m.

Wandbehang mit Blumenbordüre

Breite: 45 cm
Höhe: 130 cm
Material: dunkelrote und grüne, gebrauchte Garbenbänder

Die Randbänder sind in senkrechten Rippenknoten über je drei Schnüre geknüpft. Ist ein Garbenband verknüpft, setzen wir mit dem nächsten die Arbeit fort.

Die Blumenmuster bestehen eigentlich aus lauter Musterecken, wobei die Blätterecken mit senkrechten Rippenknoten ausgefüllt sind. Diese senkrechten Rippenknoten werden mit grünen Schnüren um die roten Bänder der entsprechenden Dachseite gearbeitet, wobei in der Blattmitte ein roter Kontraststreifen eingeknüpft ist. Die Schnüre der jeweiligen andern Dachseite ziehen wir unter dem eingeknüpften Füllmuster durch zum Weiterknüpfen. In die versetzten Musterecken der Blumenmitte wird ein breiter Flachknoten geschlungen, der später mit einem Holzknopf garniert wird.

Unter der abschliessenden Bordüren-Rippentour werden die Knüpfschnüre einfach hängen gelassen. Viermal wird, in entsprechendem Abstand, mit je zwei zusätzlichen Garbenbändern um je vier Schnüre ein Flachknoten geschlungen. Bei allen vier Reihen werden in senkrechter Linie im Abstand von ca. 8 cm weitere Knoten mit denselben Knüpfschnüren angefügt.

Die Randborten sind nach dem Bordürenmuster in ständigem Farbwechsel gearbeitet, d.h. wir knüpfen einmal mit einer grünen, anschliessend mit einer roten Schnur die senkrechten Rippenknoten.

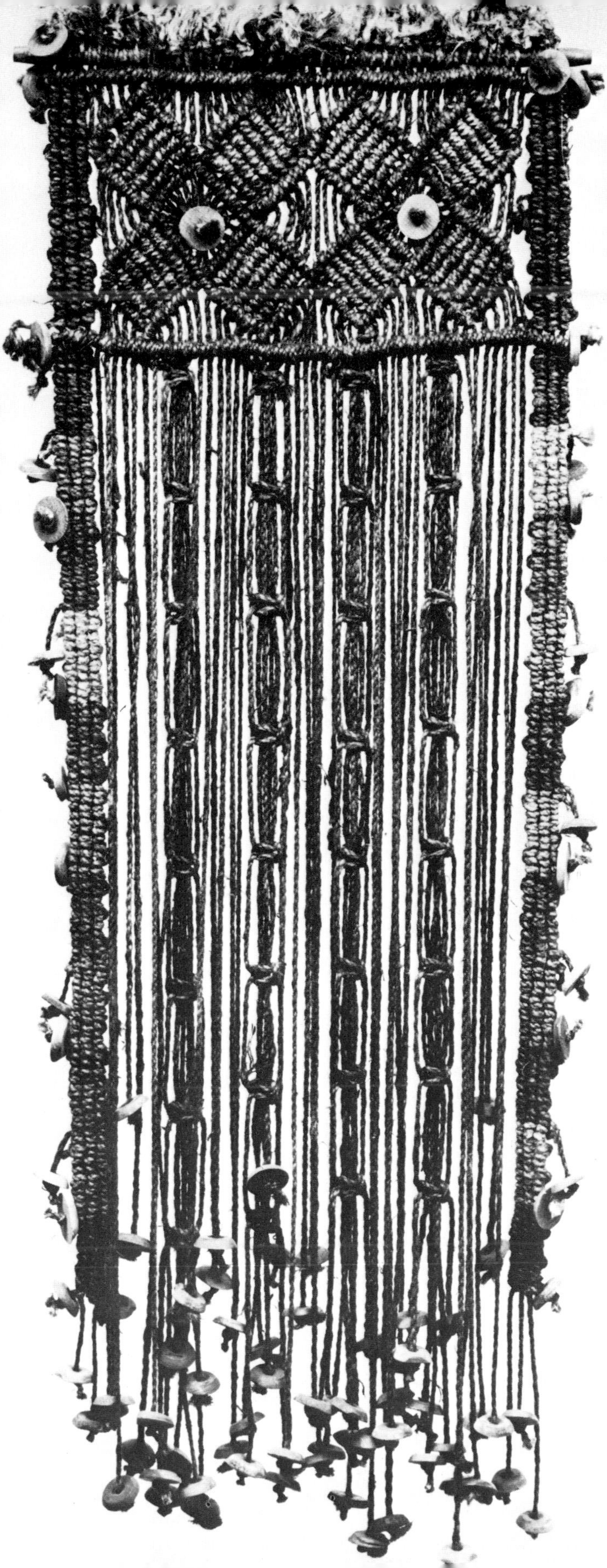

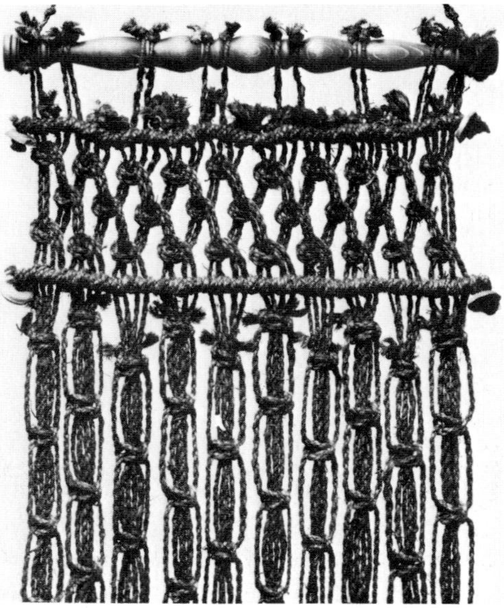

Roter Garbenbänderwandbehang
Breite: 45 cm
Höhe: 130 cm
Material: dunkelrote Garbenbänder
Das Bordürenmuster beginnt und endet mit einer Rippentour. Dazwischen sind drei Musterreihen in halben Frivolitätknoten geschlungen, wobei die mittlere Tour versetzt gearbeitet ist. Der untere Musterteil wird wie beim letzten Wandbehang ausgeführt, nur werden hier mehr zusätzliche Schnüre eingesetzt.

Wandbehang mit stilisierten Garben
Breite: 50 cm
Höhe: 130 cm
Material: grüne verwaschene Garbenbänder

Wirkt das gekreuzte Schnurmuster nicht wie stilisierte Garben? Dazu werden je vier und vier Schnüre gekreuzt an die nächste Leitschnur geknüpft. Der Abstand zwischen je zwei Rippentouren beträgt ca. 10 cm.

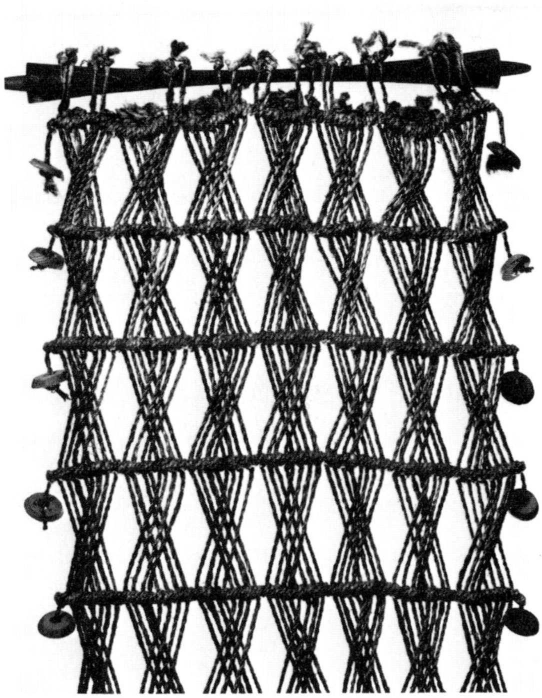

Wandbehang mit Bordürenmuster
Breite: 45 cm
Höhe: 130 cm
Material: dunkelrote und grüne Garbenbänder

Das Bordürenmuster besteht aus waag- und senkrechten Rippenknoten, in farbigem Wechselspiel ausgeführt. Dazwischen haben wir ein Reihenmuster mit breiten Flachknoten. Jedes dieser Musterbigeli ist mit acht Schnüren gearbeitet. Mit je zwei und zwei Schnüren wird der Flachknoten um die restlichen vier Schnüre geschlungen.

Die Randbänder werden in senkrechten Rippenknoten gearbeitet. Das Garbenmuster wird wie oben ausgeführt.

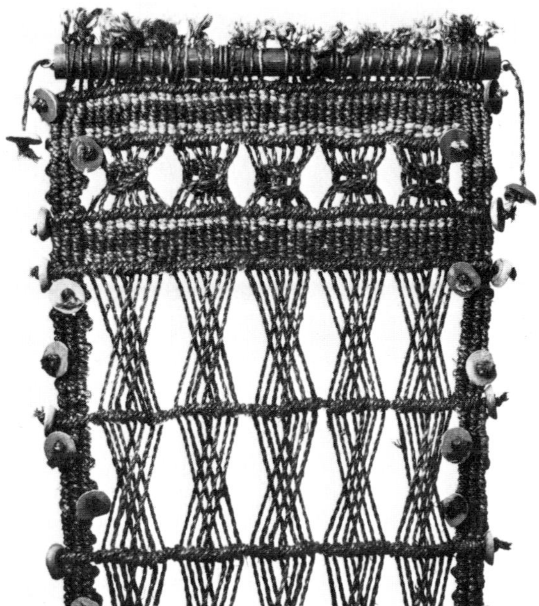

Wandbehang mit Bogenbändern
Breite: 50 cm
Höhe: 140 cm
Material: rote und grüne Garbenbänder
Dieser Wandbehang besteht aus fünf Bogenbändern, wobei die Bogenbänder in unterschiedlicher Breite gearbeitet sind. Die breiteren Bänder sind um zwei Leitschnüre gearbeitet.
Beim mittleren Band wird das Bogenmuster mit fünf Schnüren geknüpft. Die beiden Randbänder sind mit vier Schnüren und die beiden schmalen Bänder mit je zwei Schnüren ausgeführt. Wenn die Schnüre jeweils verbraucht sind – das ist immer bei den Holzknöpfen der Fall –, werden einfach die nächsten eingesetzt.

Lampenschirm mit Garbenbändern
Durchmesser oben: 30 cm
Durchmesser unten: 35 cm
Höhe: 40 cm
Material: Garbenbänder
Die senkrechten Gestellstäbchen sind im Rosettenmuster umknüpft. In die Felder wird je ein breites Bogenband gearbeitet.
Dieser Lampenschirm musste natürlich aus lichttechnischen Gründen abgefüttert werden. Die Lampe wurde für eine Gartenlaube gearbeitet.

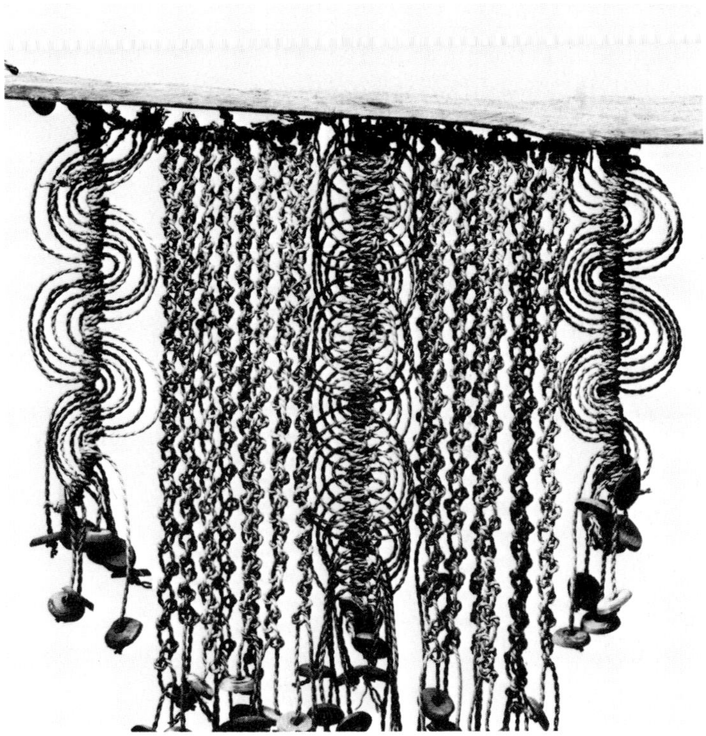

Kleiner Wandschmuck
Breite: 27 cm
Höhe: 80 cm mit Fransen
Material: alte Garbenbänder
Dieser kleine Wandschmuck besteht aus zwei Bogenbändern; einfacher geht's nicht!

Wandbehang
Breite: 64 cm
Höhe: 70 cm
Material: verschiedenfarbige Garbenbänder
Die Randabschlüsse bestehen aus breiten Bogenbändern. In der Arbeitsmitte ist ein Band im Rosettenmuster geknüpft. Die übrigen Schnurbänder sind in Kettenknoten geschlungen.

6. Knüpfen mit Ringen

Wenn wir uns an Knüpfarbeiten mit Ringen wagen, sollten wir nie zweimal dieselbe Arbeit ausführen: Die Möglichkeiten für Ringarbeiten sind so vielseitig, dass wir nicht so schnell in Verlegenheit kommen werden!

Ringdekoration mit Holzglöckchen

Diese Ringarbeit könnte als Mobile frei im Raum hängen, weil die Arbeit von vorn und von hinten schön zu betrachten ist.

Ringdurchmesser: 55 cm

Ringtiefe: 6 cm; der Ring stammt von einem alten Sandsieb

Material: papierähnliche, synthetische Schnur in neun verschiedenen Farben

Sämtliche Holzglöckchen wurden mit Spiralenbändchen, geknüpft in halben Flachknoten, in den Ring gehängt, d.h. die Bänder wurden von den Glöcklein her nach oben gearbeitet. Durch gebohrte Löcher wurden die Knüpfschnüre, nach erreichter Bandlänge, durch den Reif auf die Aussenseite gezogen, um gleich noch zum Knüpfen der Aufhängeschnüre verwendet zu werden.

Um der Arbeit mehr Farbe zu geben, wurde der dunkelbraun gebeizte Siebreif auf der Innen- und Aussenseite noch mit einem Band umknüpft. Die beiden Bänder wurden separat und in entsprechendem Umfang angefertigt; dann erst wurden sie in und um den Ring gelegt. Jedes dieser Bänder besteht aus zwei gegengleichen Zickzackbändern in Flachknoten, welche bei jedem Zickzackmuster durch einen versetzten Flachknoten miteinander verbunden sind.

Mit ein paar Stichen wurden die beiden Bänder an ihren Eckseiten an beiden Reifrändern zusammengeheftet. (Siehe Farbbild auf Seite 71)

Ringdekoration
Durchmesser
des grossen Ringes: 54 cm
Ringtiefe: 10 cm
Durchmesser
des kleinen Ringes: 7 cm
Material: beige Juteschnur

Der Ring stammt von einem Sandsieb. Die Knüpfarbeit besteht aus vier separat geknüpften Musterecken, die vom kleinen Ring, d. h. von der Mitte her, zum grossen Ring hin gearbeitet sind. Zum Abschluss wurde bei jeder Musterecke ein gegengleiches, spiralenförmiges Muster gestaltet.

In den Holzreif wurden vier Löcher gebohrt, bei welchen die Arbeit mit den restlichen Schnurenden befestigt wurde.

Sisalsonne
Durchmesser des kleinen Ringes: 14 cm
Durchmesser des grossen Ringes: 35 cm
Material: gelbe und orange Sisalschnur
Wir beginnen mit einem Rundanschlag und knüpfen in Rippenknoten das Zentrum des kleinen Ringes. Dazu verwenden wir immer dieselbe Leitschnur und führen sie spiralenförmig von einer Tour zur nächsten. Natürlich müssen ständig neue Schnüre zugesetzt werden, damit sich eine geschlossene Arbeit ohne Löcher ergibt.
Hat die Arbeit die Grösse des kleinen Ringes erreicht, knüpfen wir sie mit Rippenknoten an den Ring. Natürlich reichen die bisherigen Knüpfschnüre nicht aus, um den Ring ganz einzuknüpfen; deshalb werden in regelmässigen Abständen neue Schnüre eingeknüpft.
Nach dem Anknüpfen an den Ring werden die Strahlenschnüre eingeteilt und, mit halben Flachknoten, in der erforderlichen Länge umknüpft. Für jeden Sonnenstrahl nehmen wir eine neue Knüpfschnur, und zwar abwechselnd einmal gelb und einmal orange.
Bevor wir den grossen Ring einknüpfen, überlegen wir, welche Seite des kleinen Ringes als Aussenseite gelten soll; am Modell wurde die Rückseite der Rippenknoten als Vorderseite gewählt.
Um den grossen Ring vollständig einzuknüpfen, müssen wir nochmals Schnüre einsetzen.
Zum Schluss werden die Abschlussfransen in Zackenform gearbeitet und mit Flachknoten abgeknüpft. Die Farbaufnahme zeigt deutlich die Gestaltung dieses Abschlusses.

Glockenförmiger Ringschmuck (Bild Seite 217)
Durchmesser des Ringes: 12 cm
Material: gelbe und orange Juteschnur
Diese Arbeit beginnt mit einem Rundanschlag in der Ringmitte. Nach einem sternförmigen Muster in Flachknoten werden neue Schnurbündchen zwischen die einzelnen Zacken gelegt. Dann folgt eine runde Rippentour über eine doppelte Leitschnur. Wieder wird mit Flachknoten ein durchbrochenes Sternmuster gestaltet, und dann wird der Ring eingeknüpft. Das macht neue Schnurbündchen notwendig. Die neu eingesetzten Schnüre sind auf dem Bild gut ersichtlich.
Nun werden rundum (bis auf fünf Bänder) Spiralenschnüre in halben Flachknoten gearbeitet. Dazu nehmen wir jedesmal eine neue Knüpfschnur, und zwar im Wechsel einmal gelb und einmal orange, und umknüpfen mit ihr mehrere Einlageschnüre gleichzeitig.
Wir lassen nun alle Spiralenbänder auf eine Seite hängen und verbinden sie mit zwei versetzten Mustertouren zu einem Arbeitsstück.
Die restlichen fünf Schnurbänder werden in Flachknoten gearbeitet und am Schluss zusammengeknüpft; so dienen sie als Aufhänger.

Ringwandbehang

Durchmesser des Ringes: 34 cm

Material: Sisalschnur beige, türkis und dunkelbraun

Diese Arbeit beginnt mit einem turmartigen Aufbau über dem Ring, d.h. sie wird vom Aufhänger her geknüpft. Das Turmmuster ist in waag- und senkrechten Rippenknoten ausgeführt und wird mit türkisfarbigen Schnüren gearbeitet, wobei die senkrechten Rippenknoten mit den beigen und dunkelbraunen Schnüren geschlungen sind. Nach dem Anknüpfen der «Turmschnüre» an den Ring werden die türkisfarbigen Schnüre in zwei Hälften geteilt; dann wird mit jeder Hälfte das entsprechende vorhangförmige Muster in Rippenknoten gearbeitet und an beiden Ringseiten festgeknüpft. Die seitlichen Abschlussmuster sind ausschliesslich in Rippenknoten ausgeführt.

Das Muster in der Ringmitte wird separat begonnen und dann durch je zwei Schnüre, die von den Vorhangmustern stehengelassen wurden, mit der übrigen Arbeit verbunden und zugleich befestigt.

Nun werden von der Mitte her strahlenförmige Spiralenbändchen mit halben Flachknoten geknüpft, und zwar haben wir in der Mitte eine dunkelbraune Spirale, dann folgt auf beiden Seiten eine türkisfarbige, eine beige und zuletzt nochmals eine dunkelbraune. Nach dem Anknüpfen an den Ring werden diese Spiralenbänder weitergeführt und durch einen Zusammenschluss zur Schlussfranse geknüpft.

Wandbehang mit eingeknüpftem Ring

Breite: 62 cm
Höhe: 100 cm, mit Fransen
Durchmesser des grossen Ringes: 60 cm
Durchmesser des kleinen Ringes: 20 cm
Material: dicke Wolle in verschiedenen Farben

Der Wandbehang ist in vier Farben gehalten: Rostrot, Gold, Beige und Dunkelbraun. Die Arbeit beginnt mit einem reichen Muster in Rippenknoten. Die Ringe sind ebenfalls mit Rippenknoten eingeknüpft worden. Für das zackenförmige Muster über den Grundschnüren wurden zusätzliche Wollschnüre in den grossen Ringrand eingeknüpft.

Zusätzlich möchte ich erwähnen, dass diese Arbeit, vor allem der erste Musterteil, genausogut in einem andern Muster gestaltet werden könnte. Auch könnte dieser obere Teil z.B. nur in einer Farbe ausgeführt werden; man könnte die Arbeit unter dem Ring weiterführen, vielleicht im selben Muster wie zu Beginn der Arbeit... Der Möglichkeiten sind viele!

Nachzutragen ist, dass bei dieser Arbeit alle Wollschnüre doppelt verarbeitet wurden, d.h. es sind zwei Schnüre für eine angeknüpft worden. Die Schnüre wurden 6,2 m und 6 m lang geschnitten. Die später beim Ring zugesetzten Schnüre waren ungefähr halb so lang.

Für die Gestaltung des Ringzentrums beachten Sie auch das farbige Ausschnittbild auf Seite 195.

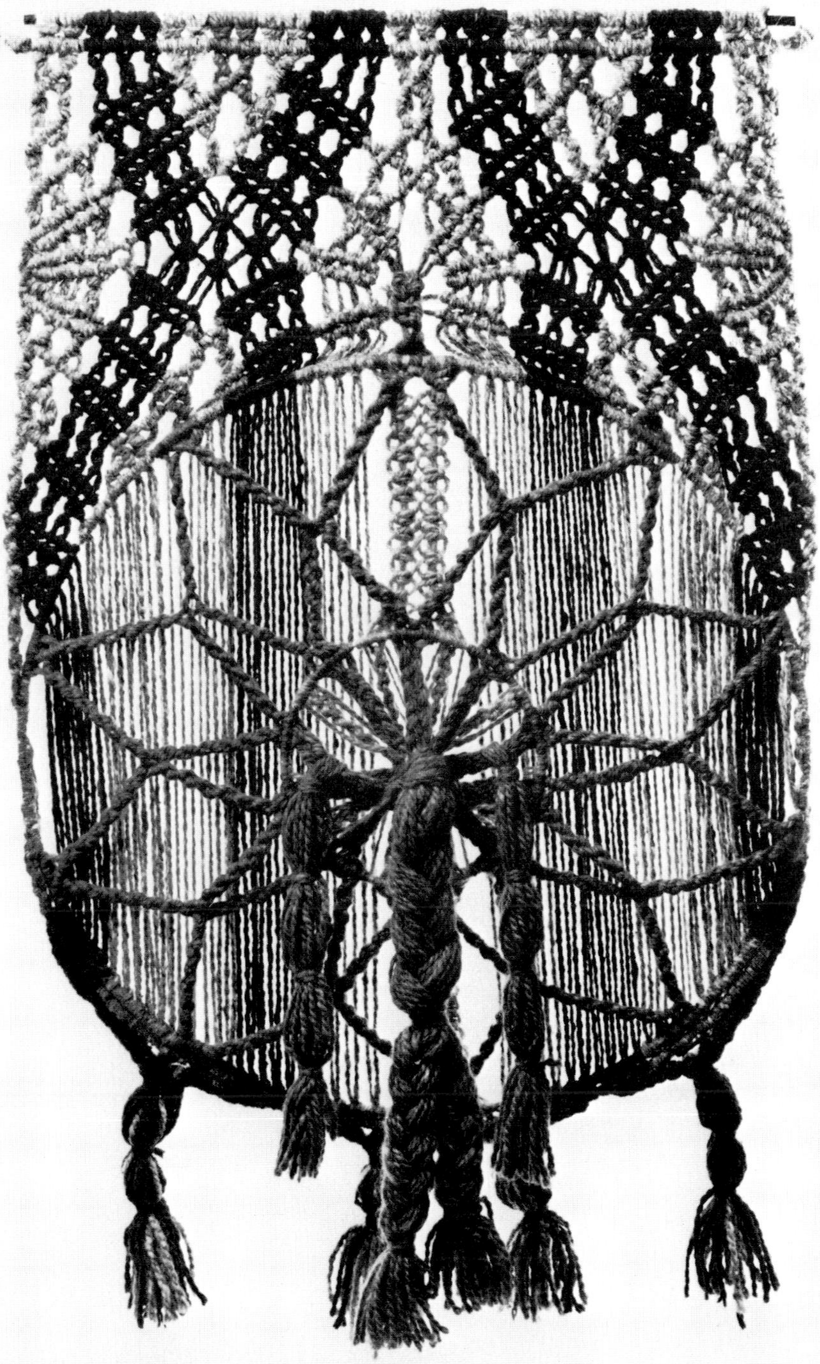

Ringschmuck
Durchmesser des Ringes: 60 cm (Gymnastikring)
Material: grobe synthetische Schnur
Wir schneiden 10 senfgelbe Schnüre à 5,5 m
16 dunkelbraune Schnüre à 5,5 m

Die Schnüre entsprechend an den Ring knüpfen! Jedes Musterfeld beginnt mit einem Dreieckmuster, geknüpft mit halben Flachknotenbigeli, die nach je vier Knoten versetzt gearbeitet sind. Anschliessend werden Flachknotenbänder in der jeweils erforderlichen Länge geknüpft. Das mittlere der fünf gelben Bänder wird in halben Flachknoten gearbeitet.

Nun werden die Bänder gekreuzt und miteinander verwoben, wie aus dem Bild gut ersichtlich ist. Durch die dachförmige, doppelte Rippentour werden die einzelnen Bänder miteinander verbunden. Mit den je acht dunkelbraunen Schnüren auf beiden Seiten werden um alle übrigen drei breite, halbe Flachknoten geschlungen.

Abschliessend werden sämtliche Schnüre in der richtigen Reihenfolge im Rippenknoten an den untern Ringrand geknüpft. Satt unter dem Ring wird nochmals eine Rippentour angefügt. Die Abschlussfransen werden je mit einer separaten Schnur abgebunden.

Grosser Ringwandbehang (Farbbild Seite 151)
Durchmesser des kleinen Ringes: 18 cm
Durchmesser des grossen Ringes: 80 cm (Gymnastikring)
Ganze Wandbehanghöhe: 145 cm
Die Farb- und Musteranordnung ist aus dem Farbbild klar ersichtlich.

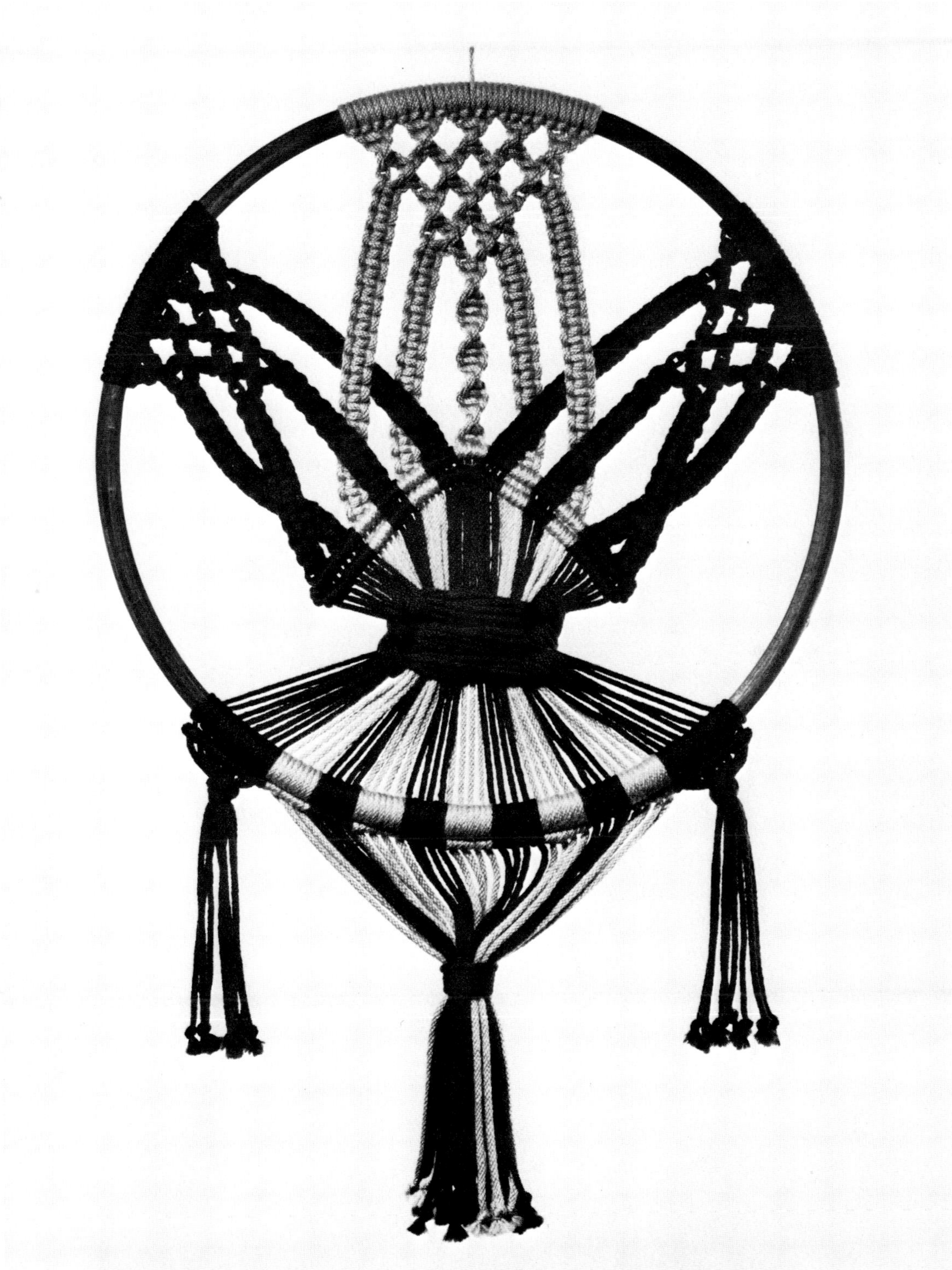

7. Bänderknüpfen

Wenn man das Bänderknüpfen so richtig entdeckt hat, kommen einem auch viele Verwendungsmöglichkeite in den Sinn. Plötzlich sieht und entdeckt man Gegenstände, die mit einem hübschen Band an Bedeutung gewinnen können.
Das Bild rechts zeigt uns zwei alte Botanisierbüchsen mit geknüpften Zierbändern. Für einen allfälligen Gebrauch müssten die Bänder länger sein.
Zum Bänderknüpfen brauchen wir in der Regel sehr lange Schnüre, deshalb wird hier am besten mit aufgewickelten Schnurbündchen gearbeitet.

Band links im Bild
Länge: 75 cm
Breite: 5 cm
Material: feines Jutegarn, gold, oliv und dunkelbraun

Band rechts im Bild
Länge: 85 cm
Breite: 5 cm
Material: Leinengarn für das Band, Jutegarn für das Rand- und die Schmetterlingsmuster

Beide Bänder haben einen beidseitigen Bogenabschluss, der mit Frivolitätknoten ausgeführt ist.
Das linke Band ist ausschliesslich in waagrechten Rippentouren gearbeitet, d.h. wir nehmen hier auch immer die erste angeknüpfte Schnur der vorhergehenden Reihe als Leitschnur für die neue Rippentour, und am Schluss der Tour wird die alte an die neue Leitschnur geknüpft. Dadurch läuft das Band eigentlich in diagonaler Richtung. Auf halber Höhe wird die zweite Hälfte gegengleich ausgeführt, d.h., wenn die Leitschnüre bis jetzt von links nach rechts geführt wurden, müssen sie jetzt von rechts nach links eingeknüpft werden – oder umgekehrt.
Wenn wir bei Arbeitsbeginn von jeder Farbe gleichviele Schnüre einsetzen, beispielsweise zuerst drei goldene, dann drei olive und zuletzt drei braune, ergibt sich das Wechselspiel des Farbmusters ganz von selbst aufgrund des stetigen Leitschnurwechsels.
Das Band rechts im Bild ist ausschliesslich im Flachknotenmuster Nr. 1 geknüpft. Die Schmetterlinge sind als Applikation später in das fertige Band eingeknüpft worden. Sämtliche Schmetterlinge sind mit denselben Schnüren gearbeitet; dazu wurden auf einer Bandseite neue Schnüre eingezogen. (Es werden vier Knüpfschnüre benötigt.) Mit diesen eingezogenen Schnüren wird der erste Schmetterling ausgeführt. Dann werden die Schnüre auf der Bandrückseite bis zum nächsten Schmetterling gespannt.
Die Schmetterlingsflügel sind in Flügelknoten, welche mit einer feinen, andersfarbigen Schnur in Frivolitätknoten umknüpft sind, gearbeitet.

Auf dem Bild rechts wurde ein neues Band an ein altes Kinderchrätzli geknüpft. Das Band ist ausschliesslich in waag- und senkrechten Rippenknoten gearbeitet, wobei die senkrechten Knotenreihen jeweils mit verschiedenfarbigen Schnüren geknüpft wurden.
Aus dem «Chrätzli» hängen noch andere geknüpfte Bänder; das farbige Detailbild auf Seite 93 zeigt uns, wie enorm vielseitig das Bänderknüpfen sein kann.

KNÜPFEN NACH EIGENEN ENTWÜRFEN

1. Wir knüpfen eine Eule

Knüpfen nach eigenem Entwurf ist gar nicht so schwer, wie viele meinen. Das Wichtigste ist, man wagt einen Versuch! Und falls ein erster Versuch nicht gleich das erwartete Resultat bringt, wird vielleicht deutlich, was man beim zweiten Probieren anders, besser machen könnte. Persönlich bin ich der Meinung, dass aus einer Idee die nächste entspringt und dass man gerade beim Handarbeiten und Basteln jede Idee noch besser und wieder anders ausführen kann.

Betrachten wir nun die nächsten Bilder mit den geknüpften Eulen. Schon an diesen wenigen Beispielen erkennen wir, wie verschiedenartig ein Thema ausgedrückt werden kann und dass es gar nicht so schwierig sein sollte, eigene Ideen zu verwirklichen.

Kleine Eule

Höhe: 28 cm
Breite: 13 cm; Astbreite 20 cm
Material: graubeiges Leinengarn und ein paar Glas-Tieraugen
Wir schneiden 10 Schnüre à 2,6 m und 3 Schnüre à 2,1 m

Die zehn Schnüre knüpfen wir im Rippenknoten an eine vierfache Leitschnur, d.h., die Leitschnur besteht aus vier Schnüren. Mit diesen Leitschnüren knüpfen wir nachher die Ohraufhänger in Kettenknoten. Ausser der kleinen Stirnspitze und den Augenzeichnungen ist der Kopf in Flachknoten gearbeitet. Unter dem Kopf wird eine Schnur à 2,1 m in ihrer Mitte als Leitschnur in die Arbeit eingeknüpft, und am Schluss der wellenförmigen Rippentour wird beidseitig noch eine gleichlange Schnur neu zugesetzt. Dadurch erhalten wir für den Körper auf jeder Seite drei zusätzliche Schnüre. Die Flügel werden in V-förmigen Rippentouren markiert.

Diese Arbeit zeigt sehr schön, wie gut wir durch das Wechselspiel der verschiedenen Knoten eine Eule zeichnen können.

Lustige Eule

Höhe: 28 cm
Breite: 20 cm
Material: feine, leicht faserige Jute- oder Sisalschnur
Wir schneiden 14 Schnüre à 2 m
1 Schnur à 1,8 m; diese Schnur wird beim ersten Flachknoten nach dem Erbsknoten eingesetzt

Eine lustige Eule, die ernstgenommen werden will mit ihren Holzkugel-Augen! Die Ausführung ist aus dem Bild klar ersichtlich.

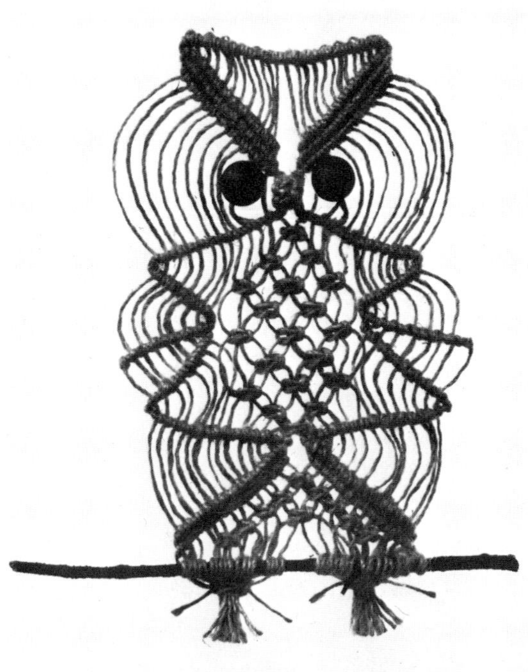

Flügeleule (Bild Seite 227 unten links)

Höhe:	50 cm		
Kopfbreite:	15 cm ohne Kopfkranz	Ganze Breite:	20 cm
Körperbreite:	15 cm ohne Flügel	Flügelbreite:	7 cm

Hier haben wir eine Eule mit separat geknüpften Flügeln. Ausser der Stirn- und Augenzeichnung ist diese Eule ausschliesslich in Flachknoten geknüpft. Für die separat geknüpften Flügel wurden auf jeder Kopfseite je zwei Schnüre zur Seite gelegt. An diese Schnüre werden die neuen, für die Flügel bestimmten Schnüre geknüpft. Der runde Kopfkranz wurde erst nachträglich angefertigt und rings um den Eulenkopf genäht. Die Eulenöhrchen sind als Aufhänger bestimmt.

Eule mit Ringaugen (Bild Seite 227 unten rechts)
Höhe: 48 cm
Breite: 23 cm
Material: melierte Haarwolle
Die Knüpfschnüre werden an die Augenringe gehängt. Für die strahlenförmigen, nach oben stehenden Kauzfedern benötigen wir nur kurze Schnüre. Zwischen den Augen sind ebenfalls Schnüre eingeknüpft, durch welche die Augenpartien miteinander verbunden werden. Kopf und Körper sind in versetzten Flachknotenbigeli geknüpft. Flügel und Schwanzfedern sind mit Musterbigeli von halben Flachknoten gestaltet. Beim ganzen Flügel wird der Beginn mit einem Josefinenknoten betont.
Für die Augen wurde auf der Rückseite ein rundes Kartonstück auf die Anschlagringe geleimt; von der Vorderseite wurde ein schwarzer Knopf und drum herum ein gelber Ring auf diese Kartonscheibe geklebt.

Eulenfamilie

Höhe der grossen Eule:	40 cm	Höhe der kleinen Eule:	24 cm
Brustbreite:	18 cm	Brustbreite:	13 cm
Körpertiefe:	8 cm	Körpertiefe:	7 cm

Diese Eulengruppe habe ich auf Form gearbeitet. Die Augen bestehen aus abgesägten Holzästen, die ich im Wald gefunden habe. Auf diese Äste habe ich einen Hinterkopf aus Schaumgummi montiert. Auch die Körper der Eulenfamilie habe ich aus Schaumgummirollen zurechtgeschnitten und am vorbereiteten Kopf befestigt.
Die Eulen sind mit melierter Sportwolle und im Flachknotenmuster Nr. 3 gearbeitet.
Für die Hinterköpfe habe ich die Knüpfschnüre an eine Leitschnur geknüpft und diese dann wie ein Kopftuch um den Eulenkopf gebunden. Der Körper wurde rundum gearbeitet. Für die Flügel wurden nachträglich neue Wollschnüre eingezogen. Für die Krallen habe ich jeweils mehrere Schnüre stehengelassen; so verengte sich die Arbeit nach

unten, und die Schnüre für die Krallen waren bereits auch schon vorhanden. Für die Krallen spannen wir jeweils ein paar Schnüre hinter dem Sitzast durch, die andern führen wir vorne über den Ast und verknüpfen alle irgendwie miteinander. Auch dort, wo eigentliche Krallen geknüpft wurden, sind darunter noch um den Ast gespannte Schnüre.
Für den Kopfkranz wurden kurze Wollfäden an eine Leitschnur geknüpft und diese dann an den Anschlagschnüren festgenäht.
Der Kopf der grossen Eule ist am oberen Ast befestigt, und die Köpfe der kleinen Eulen sind an den geknüpften Schnurspiralen festgemacht worden.

2. Wir knüpfen eine Maske

Masken kann man auf viele Arten knüpfen. Wenn man dieses Thema beispielsweise mit einer Schulklasse bearbeiten würde, könnte man sicherlich die schönsten Überraschungen erleben. Mögen die beiden Beispiele Anregungen zu eigenen Versuchen geben!

Maske mit Pelzhaaren

Höhe: 28 cm, ohne Bartfransen
Breite: 24 cm
Fransenlänge: 24 cm
Material: mittelgrobes, beiges Leinengarn

Wie einfach eine Maske zu knüpfen ist, zeigt Bild links. Die Schnüre sind an einem Holzkleiderbügel befestigt. Das eigentliche Gesicht ist im Flachknotenmuster Nr. 1 gearbeitet. Augen, Nase und Mund sind mit Rippenknoten markiert worden, und die Zähne sind in Kettenknoten geknüpft.

Das rechte Bild zeigt dieselbe Maske noch einmal: Eine solche Arbeit kann man mit einigen Zutaten verbessern, z.B. mit Pelzhaaren. Um dem Gesicht mehr Form zu geben, habe ich von beiden Seiten ein paar Bartschnüre genommen und sie auf der Rückseite miteinander verknüpft.

Grosse Maske (Farbbild Seite 235)

Kopfhöhe: 35 cm, ohne Fransen
Kopfbreite: 23 cm, auf Augenhöhe gemessen
Abschlussfransen: 24 cm
Material: dunkelbraune Sisalschnur für das Gesicht, hellbeige und türkisfarbige Sisalschnur für Augen, Nase und Fransenkrause, rotes, braunes und weisses Leinengarn für Augen, Nase und Mund

Diese Maske wurde dreidimensional gearbeitet; wir können also auch Masken mit Profil knüpfen. Gerade wenn wir in ein Flachknotenmuster Rippentouren einknüpfen, können wir der Arbeit mit den Leitschnüren Form geben, indem wir dieselben mehr oder weniger anziehen. Auch mit senkrechten Rippenknoten lassen sich Erhöhungen oder Vertiefungen herausarbeiten. Wir können aber auch jederzeit neue Schnüre in die Arbeit einsetzen und separate Formen damit knüpfen, bei dieser Arbeit wurde die Nase so verfertigt: Zwischen den Augen wurden neue Schnüre eingesetzt; dann wurde die Nase für sich geknüpft, indem man stets neue Schnüre zusetzte. Am Schluss wurde die Nase mit den Leitschnurenden im Gesicht befestigt und auf der Rückseite mit den durchgezogenen Schnurenden festgeknüpft.

Ergänzend möchte ich beifügen, dass man gerade beim Maskenknüpfen eine Menge Möglichkeiten hat, mit Ringen, Knöpfen und anderem mehr Augen einzuknüpfen oder Nase und Mund mit ähnlichen Gegenständen einzuzeichnen.

3. Eine Hobbysammlung in Verbindung mit Knüpfarbeiten

Es wird so vieles gesammelt, und mangels anderer Möglichkeiten werden diese Sammelobjekte manchmal in Schachteln oder Schubladen verwahrt. Die beiden nächsten Arbeiten möchten zeigen, wie man eine an sich unscheinbare Sammlung mit einer Knüpfarbeit hübsch präsentieren kann.

Sammlung kleiner Handarbeitsgeräte

Das ist eine Sammlung kleiner Handarbeitsgeräte aus Horn und Elfenbein. Wir finden da Frivolitätschiffchen, die zugehörige Häkelnadel am Hornring, Nadelbehälter und einen Elfenbeinklöppel.

Breite: 13 cm
Höhe: 45 cm mit Fransen
Material: feines, dunkelbraunes und weissbeiges Leinengarn

Das Flächenmuster ist im Flachknotenmuster Nr. 1 geknüpft; weil es so zur Sammlung passend schien, wurde an beiden Randseiten ein Bogenrand mit Frivolitätknoten in heller Farbe gearbeitet.

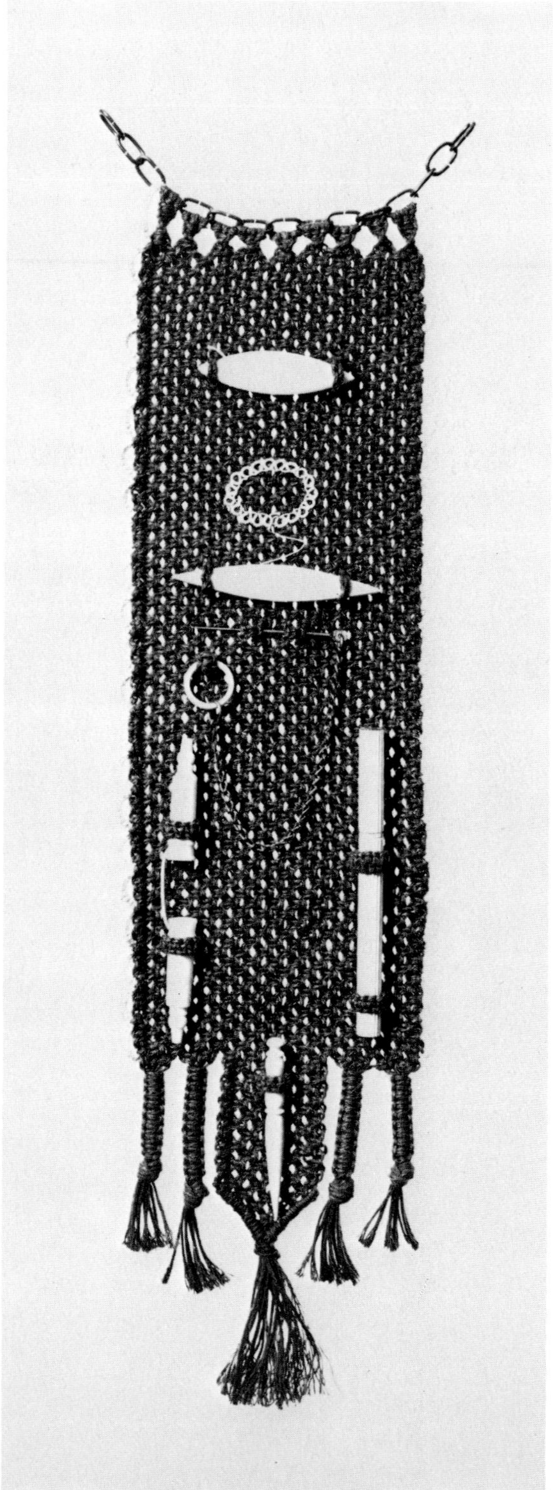

Schlüsselsammlung
Breite: 42 cm
Höhe: 60 cm, ohne Aufhänger
Material: dunkelbeige Hanfschnur
Das Flächenmuster wurde im Flachknotenmuster Nr. 4 gearbeitet. Alle Schlüssel wurden mit Erbsknoten eingeknüpft. Weil der jeweilige Erbsknoten um die von oben bis unten durchgestreckten Einlageschnüre ausgeführt wird, kann sich die Arbeit durch das Gewicht der Schlüssel nicht verziehen.
Deshalb müssen wir bei Arbeiten, in welche schwerere Gegenstände eingeknüpft werden sollen, sehr darauf achten, ob sich das vorgesehene Muster dafür eignet.

4. Wir gestalten ein Thema

Das Knüpfen ermächtigt uns auch, irgendein Thema aufzugreifen und durch eine Knüpfarbeit auszudrücken. Ich habe versucht, eine alte Heimarbeit aus dem Frutigtal, das sogenannte «Trückle», darzustellen. Bei dieser Heimarbeit wurden kleine Zündholzschachteln aus Holzspan angefertigt. Jedes Mitglied einer Familie musste da mithelfen. Der Vater musste die Holzspäne hobeln, die Kinder mussten die «Trückliböden» ausstanzen, dann wurden die «Trückli» geleimt und zum Trocknen in sogenannte «Spahchluppe» geschoben. Der Lohn betrug 70 Rappen für tausend Zündholzschachteln!

In «wir knüpfen» finden wir auf der letzten Seite ein kleines Mobile mit solchen Spanklammern. In meine neue Knüpfarbeit habe ich den Holzspan und eine Serie alter «Spahchluppe» mit eingeschobenen «Trücklideckeln» sowie eine Reihe fertiger «Zündholztrückli» eingearbeitet.

Alte Frutigtaler Heimarbeit

Breite: oberer Teil 58 cm
unterer Teil 45 cm

Höhe: 70 cm

Material: Leinengarn in dunklem Olivgrün

Die Arbeit beginnt mit Flachknotenbigeli. Dann folgen vier Rippentouren in ca. 4 cm breiten Abständen. In den Abstandreihen werden je vier und vier Schnüre übereinander gekreuzt und so an die Leitschnur geknüpft. Mit den Leitschnüren dieser Rippentouren werden nachträglich die seitlichen Abschlüsse im obern Teil gearbeitet. Dazu werden neue Schnüre genommen, mit denen wir die Flachknoten um die vorstehenden Leitschnüre knüpfen; dann knüpfen wir je zwei und zwei Musterbigeli mit einem Abschlingknoten zusammen.

Das Mittelfeld ist im Flachknotenmuster Nr. 2 ausgeführt. Hier werden die Spanklammern separat eingeknüpft (versetzt). Abschliessend folgen nochmals, im Abstand von 6 cm, zwei Rippentouren. Hier bleiben die Knüpfschnüre gerade gespannt. Durch diese gespannten Schnüre wird dann ein fester Holzspan gezogen – wie beim Weben –, und darauf werden die fertigen Zündholzschachteln geleimt. Die Schlussfranse ist mit Flach- und Rippenknoten gestaltet worden.

Ergänzend möchte ich erwähnen, dass in Adelboden neuerdings wieder eine «Trückligruppe» besteht. Frau Käthi Mettler war die Urheberin dieser Idee. Die Gruppe fertigt auf privater Basis solche Zündholztrückli nach alter Manier an; man kann sie heute in den meisten Heimatwerkläden roh oder hübsch bemalt kaufen.

Vor zwei Jahren durfte ich mit meiner Schwester und zwei Freundinnen einen Nachmittag lang in Käthi Mettlers heimeliger Stube beim «Trückle» mithelfen, was mich auf dieses Knüpfthema brachte.

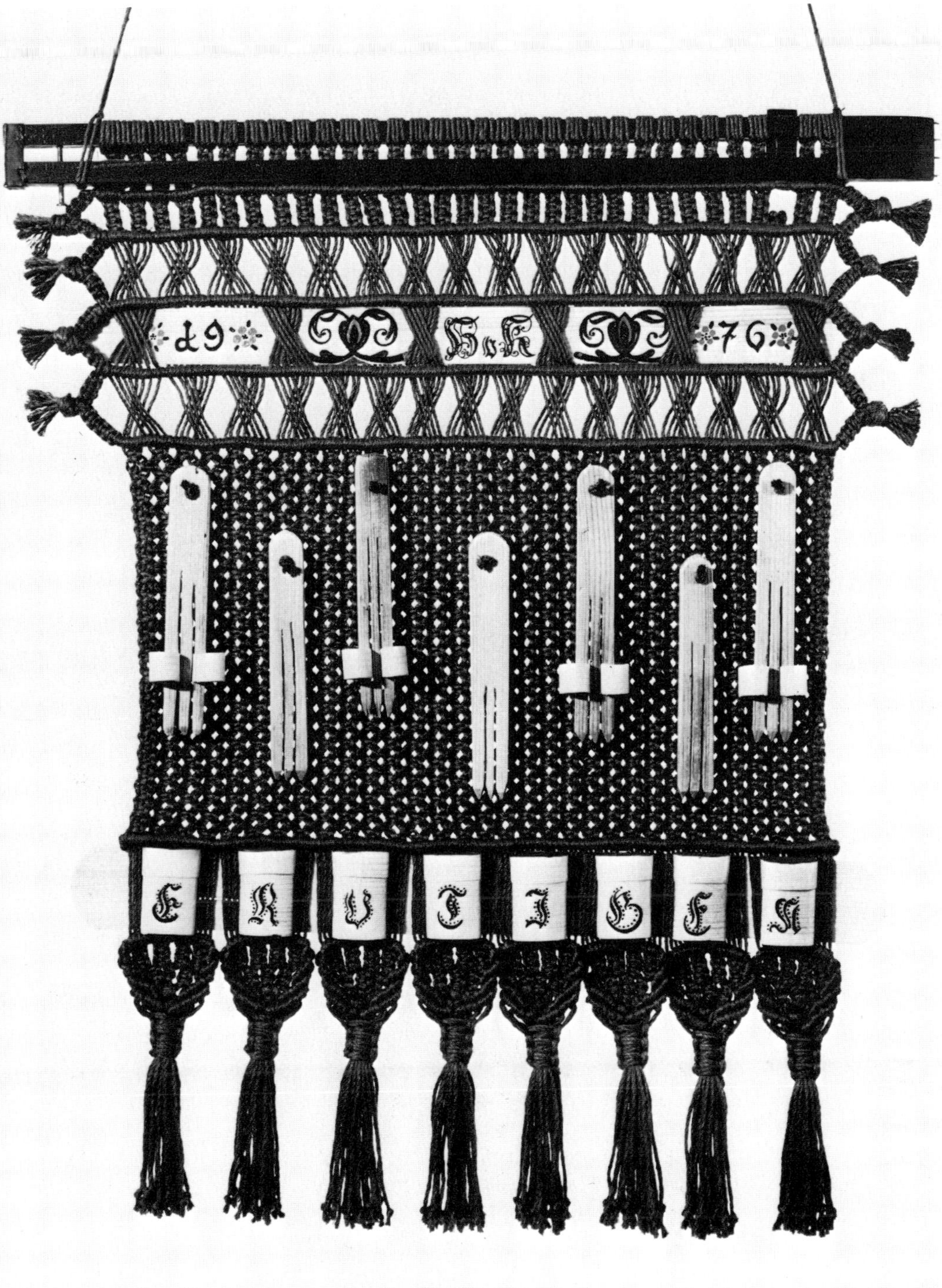

5. Wir umknüpfen Glasflaschen, Schirmständer und Papierkörbe

Glasflaschen können wir auf mancherlei Art mit einer Knüpfarbeit verzieren. Wir können sie ganz oder nur teilweise einknüpfen. Manchmal spielt die Schönheit bzw. die Form der Flasche eine Rolle. Bei einer gewöhnlichen Flasche ist man eher geneigt, sie rundum einzuknüpfen; eine schöne Flasche hingegen verzieren wir vielleicht nur mit schmalen Knüpfstreifen.

Hier drei Beispiele: Die Flasche im Hintergrund wurde rundum mit einem deckenden Rosettenmuster eingeknüpft, weil sie im untern Teil Flecken aufweist, die nicht entfernt werden konnten. Die bauchige Flasche wurde mit Bändern in einem Zickzack-Rippenknotenmuster verziert.

Bei der Flasche rechts im Bild besteht das Knüpfmuster aus Flachknotenstäbchen, die in der Flaschenmitte durch ein Eckmuster miteinander verbunden sind.

Weil wir gerade bei Glasverzierungen sind, betrachten wir das kleine Wandbehängli. Es wurde aus dünnen Wollfäden gearbeitet und wirkt, an ein Fenster gehängt, sehr grazil, weil das durchsichtige Glas im Hintergrund das Muster erst richtig zur Geltung bringt.

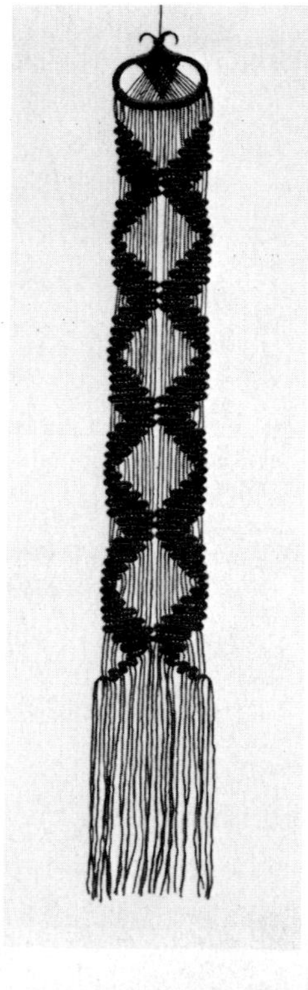

So, wie wir Flaschen umknüpfen, ist es auch möglich, Papierkörbe, Schirmständer und ähnliches zu verzieren. Dazu brauchen wir in der Regel eine erste Leitschnur, an die die erforderlichen Schnüre geknüpft werden. Dann wird der Gegenstand rundum oder bahnen- und bänderartig eingeknüpft.

Der Papierkorb besteht aus einer leeren Waschmitteltrommel. Sie wurde mit einem Jutestoffrohr überzogen. Die Knüpfschnüre wurden von der Innen- auf die Aussenseite eingezogen. Zu diesem Zweck wurden mit einer Ahle Löcher vorgebohrt. Die Knüpfarbeit besteht aus breiteren Bogen- und schmäleren Rosettenmusterbändern. Die Bänder wurden von oben nach unten geknüpft; weil der Boden versenkt, d.h. über dem untern Trommelrand liegt, konnten die Schnüre knapp unter dem Kartonboden wieder auf die Innenseite gezogen und hier abgeknüpft werden.

GEKNÜPFTE KLEINIGKEITEN

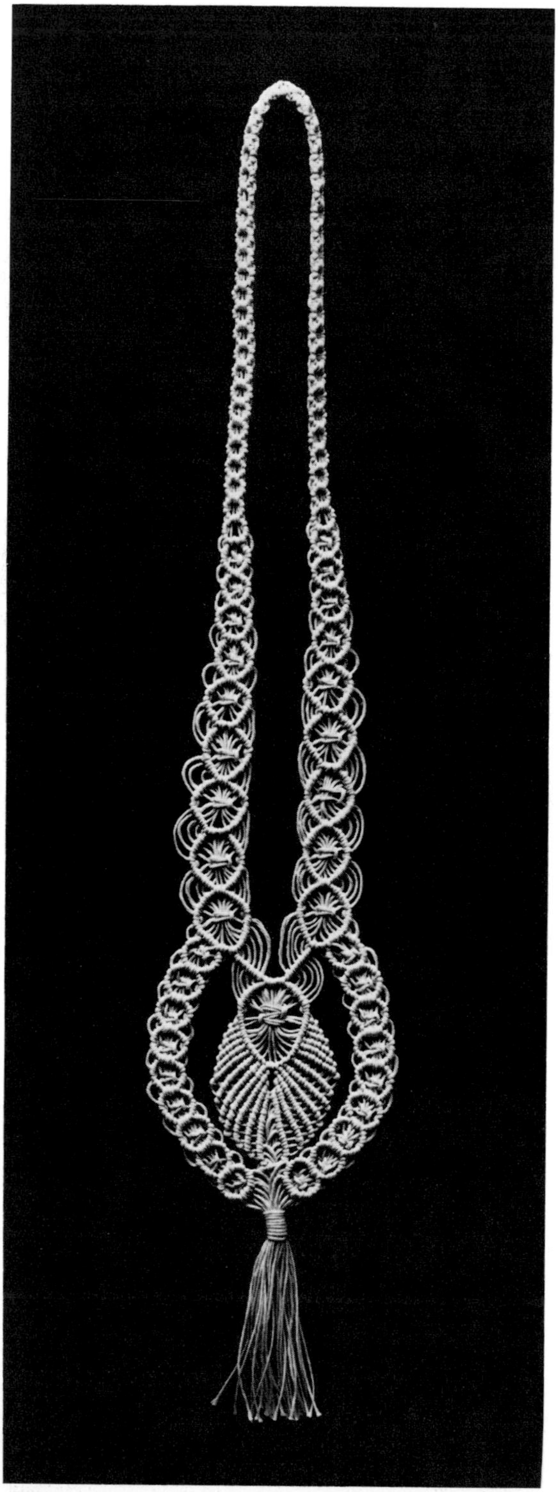

1. Geknüpftes Allerlei

Die beiden folgenden Vorschläge sollen daran erinnern, dass wir beim Knüpfen die Möglichkeit haben, hübsche Modezutaten anzufertigen.

Halsketten

Kettenlänge:	44 cm und 48 cm
Breite der Medaillons:	9 cm und 7 cm

Material: feiner, rohweisser Leinenzwirn

Beide Halsketten werden von hinten nach vorn gearbeitet. Die Kette links ist vorwiegend mit Rundmustern gestaltet worden, wobei die Mustergrösse von ganz klein über mittel bis gross variiert.

Die zweite Kette ist, ausser der grossen Schlussecke, aus kleinen und zwei grösseren abgerundeten Musterecken gearbeitet.

Nastuchhülle
Breite: 18 cm
Länge: 42 cm
Material: rohweisses Leinengarn
Diese Arbeit beginnt bei der schmalen Vorderseite mit vier waagrechten Rippentouren. Die beidseitigen Randmuster werden über je vier Schnüre in senkrechten Rippenknoten gearbeitet. Das Flächenmuster ist im Flachknotenmuster Nr. 2 geknüpft, und auf der Vorderseite ist eine grosse doppelte Musterecke mit Erbsknoten eingearbeitet worden. Die ganz kleine Ecke in der Mitte der grossen besteht ebenfalls aus lauter Erbsknoten. Am Schluss, d.h. beim zweiten schmalen Rand, werden nochmals vier Rippentouren geknüpft. Von der Rückseite her wird noch ein kleiner Verschlussriegel in genügender Länge gearbeitet. Die geknüpfte Hülle wird auf der Innenseite abgefüttert.
Tip: Zu Geschenkzwecken kann die geknüpfte Hülle auch mit Papierservietten gefüllt werden.

Schlüsselanhänger (Farbbilder Seite 229)

Diese Anhänger sind zwischen 7 cm und 15 cm lang und entsprechend auch verschieden breit.

Material: grünes und beiges Leinengarn

Wenn wir einen alten Schlüssel als Dekoration aufhängen wollen, müssen wir die Schnüre für einen entsprechenden Anhänger anders anknüpfen als bei einem Schlüssel, der nach wie vor zum Gebrauch bestimmt ist. Mit andern Worten: Bei einem Schlüssel, der in einem Schlüsselloch steckt, muss das geknüpfte Band anders hängen als bei einem Schlüssel, welcher an der Wand hängt.

Alle diese Schlüsselanhänger sind mit wenigen Schnüren begonnen worden, doch schon bei den ersten Musterecken oder Rosettenmustern sind neue Schnüre zugesetzt worden. Und bei jedem nächsten Muster wiederholte sich das Einknüpfen neuer Schnüre, so dass die Bänder nach unten immer breiter werden.

Eine eigentliche Musterbeschreibung erübrigt sich, weil wir aus den Farbbildern die Musteranordnung praktisch ablesen können.

Das Tannenbäumchen

Diese Arbeit heisst für mich «Nachbarinnenbäumchen» – weil ich das Muster dazu von einer Nachbarin erhalten habe und eine zweite Nachbarin die Arbeit in Sisalschnur für mich knüpfte. Und das Schönste: Die zweite Nachbarin hat mir das Bäumchen gleich hübsch geschmückt geschenkt!

Höhe: 80 cm
Breite: 50 cm, beim eingeknüpften Holzstab gemessen
Material: dunkelgrüne Sisalschnur
Wir schneiden die ersten Schnüre 4,2 m lang; die Schnüre, die wir später einsetzen, können wir anhand der bereits eingeknüpften Schnüre abmessen.

Die Arbeit beginnt beim Aufhänger. Der Aufbau des Bäumchens ist sehr einfach: Für jede neue Rippentour brauchen wir eine neue Leitschnur; sie wird in ihrer Mitte mit den jeweils vorhandenen Knüpfschnüren eingeknüpft, und auf beiden Randseiten wird die Leitschnur als neue Schnur an die nächste Leitschnur geknüpft. So wird das Tännchen immer breiter. Bei der Schlusstour wird ein Holzstäbchen in Rippenknoten eingeknüpft, d.h. unter dem Stäbchen folgt nochmals eine gewöhnliche Rippentour mit einer Schnureinlage. Dann werden alle Schnüre zum Stamm zusammengenommen, und mit einer separaten Schnur wird der Stamm mit Flachknoten eingeknüpft.

Das Bäumchen kann als Weihnachtsdekoration oder mit kleinen Päcklein als Adventskalender geschmückt werden.

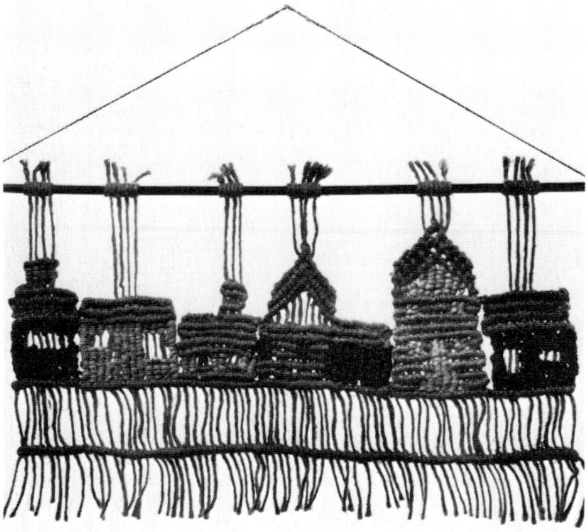

Das rote Dörfchen (Farbbild Seite 71)
Breite: 40 cm
Höhe: 22 cm
Material: Juteschnur in verschiedenen Rottönen, ferner in Beige und Dunkelbraun
Alle Häuschen sind in waagrechten und senkrechten Rippenknoten geknüpft worden.

Geknüpftes Bild
Als Frau Eveline Ruff die Wurzel in Seepferdchenform fand, hatte sie gleich auch die Idee zu diesem geknüpften Bild. Ist es nicht lustig, dass die Schattenform die Seepferdchenumrisse noch besser zur Geltung bringt?
Breite: 17 cm
Höhe: 22 cm
Material: feine, beige Baumwollschnur
Der obere und der untere Rand sowie die beiden Randseiten sind mit waagrechten Rippenknoten gearbeitet. Die Schnüre für die Bildeinlage wurden nach dem oberen Rand einfach stehengelassen. Bei den Seitenrändern wurde die jeweilige Leitschnur immer hin und her geleitet. Der Mittelteil wird ebenfalls in waagrechten Rippenknoten geknüpft, aber auf der Rückseite des Bildes, d.h., wir haben die Rückseite der Knoten vorn. Bei den Seitenrändern erhalten wir durch das stete Wenden der Leitschnur kleine Randbogen, durch die jeweils die Leitschnur vom Mittelstück durchgezogen wird. Beachten wir das Ausschnittbild!

Schildkröten

Dazu möchte ich folgendes erzählen: Als ich seinerzeit die Unterlagen zu «wir knüpfen» nach Bern schickte, war ich gerade bei meinen ersten «Schildkrötenversuchen». Leider war es im nachhinein zu spät, die Bilder samt Beschreibung doch noch im ersten Band unterzubringen. Als ich dann das erste Knüpfbuch in Händen hielt, war ich so überrascht, bei den Restenideen doch noch eine kleine Schildkröte vorzufinden. Ich hatte ganz vergessen, dass mein allererster Schildkrötenversuch beim Fotografieren mit dabeigewesen war!

Die Schildkröte besteht aus einem Muschelknoten mit angeknüpftem Kopf. Die Bilder zeigen, dass wir diese Tiere kleiner oder grösser knüpfen können. Dazu wählen wir einfach feineres oder gröberes Material.

Nun zu der «Geburt» einer Schildkröte: Wir knüpfen zu Beginn ein leicht rechteckiges Muster in Rippenknoten; dabei lassen wir links längere Leitschnüre vorstehen. Bei diesen längeren Schnüren knüpfen wir eine neue Schnur fest, etwa 2 cm vom geknüpften Muster entfernt; damit wird später der Kopf gearbeitet. Auf den drei übrigen Seiten schlingen wir mit den beiden Randschnüren einen Flachknoten um die übrigen vier Schnüre. Nun legen wir auf der linken Seite alle sechs Leitschnüre bis zur neu angeknüpften Schnur zurück, und zwar so, dass diese Schnüre unter dem Bauch der Schildkröte liegen. Jetzt werden mit der eingeknüpften Schnur um die zurückgelegten Schnüre zwei Flachknoten geschlungen; das ergibt den Hals. Für die Füsse werden je drei und drei Knüpfschnüre durch einen Abschlingknoten miteinander verknüpft. Nun wird das Tier auf den Rücken gelegt, und mit den Knüpfschnüren der Halsknoten wird um dieselben Schnüre der Bauch in Flachknoten geknüpft. Die Schnurenden von hinten und die restlichen Bauchschnüre werden in den Bauch – oder vielmehr in den Rückenpanzer – gestossen. Falls diese Schnüre zu lang sind, schneiden wir sie vorher entsprechend zurück. Mit ein paar Stichen wird der Bauch an den drei offenen Seiten an Beine und Panzer genäht. Die Schnüre der Abschlingknoten werden auf Fusslänge zurückgeschnitten und mit einem Tupfen weissem Leim bestrichen; das gibt harte Krällchen.

Für die Augen sind schwarze Glasperlen verwendet worden.

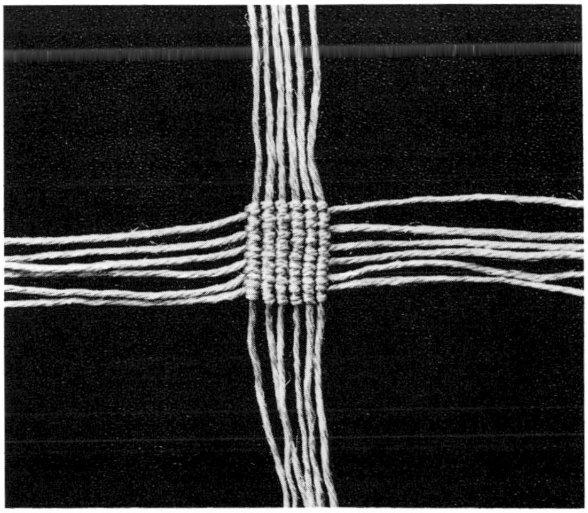

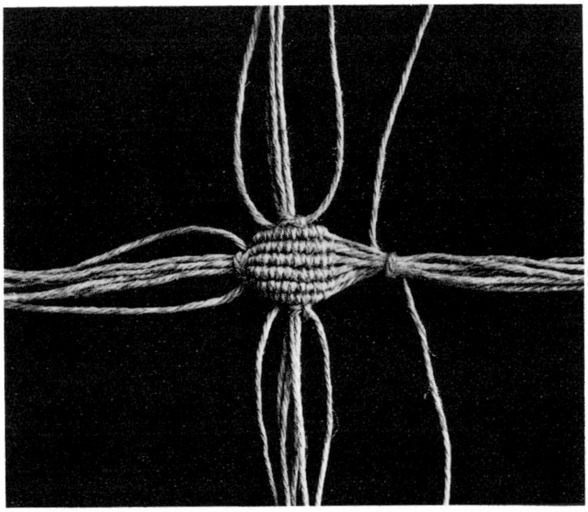

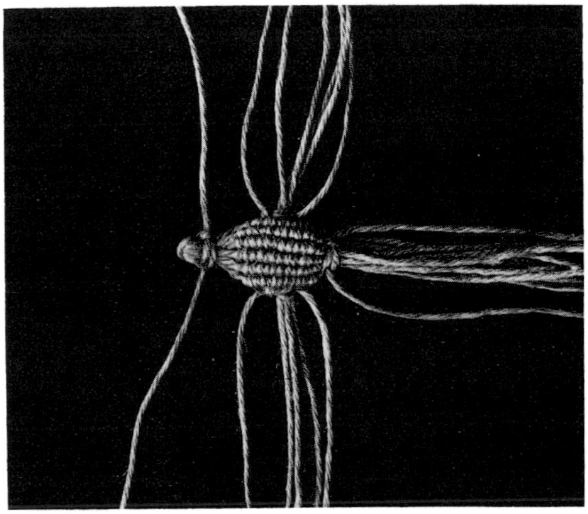

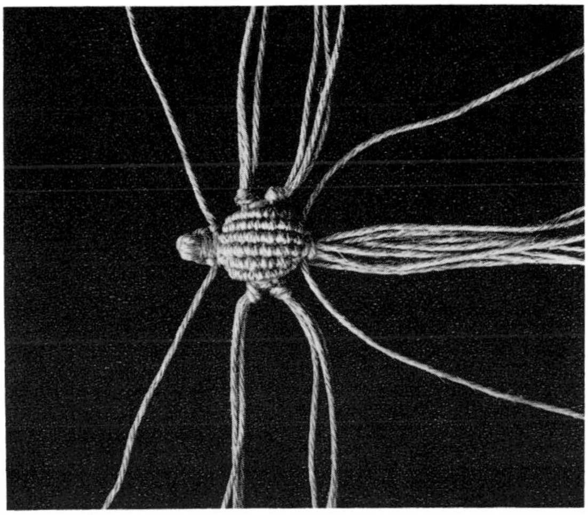

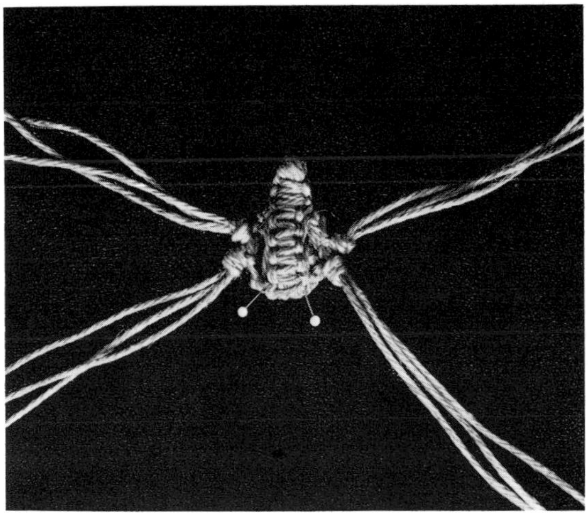

Schnecken
Sind sie nicht allerliebst, diese Weinbergschnecken? Leider ist es nicht möglich, eine Arbeitsanleitung zu geben.
Betrachten wir auch die «Rossbergschnecken»; sie tragen ein echtes Schneckenhaus auf ihrem geknüpften Rücken. Ich nenne sie «Rossbergschnecken», weil ich die leeren Häuschen auf dem Rossberg im Simmental gefunden habe.

2. Wie verwertet man Schnurresten?
Immer wieder ergeben sich beim Knüpfen kleinere oder grössere Schnurresten; darum möchte ich auch in diesem Band eine kleine Zahl Restideen ohne nähere Beschreibungen vorstellen.

3. Ährenwandbehang

Diese wunderbare Arbeit habe ich für den Schluss aufgespart. Sie soll den Inhalt dieses Bandes abrunden.

Breite: 62 cm
Höhe: 105 cm ohne Fransenschnüre
Material: Flachsschnur

Die beiden Herzformen sind zufällig durch die gegengleichgeknüpften Sichelformen entstanden.

Die Ähren sind direkt in die Arbeit eingeknüpft worden. Es wäre kaum möglich, sie nachträglich in die Arbeit einzuschieben oder sonstwie zu befestigen.

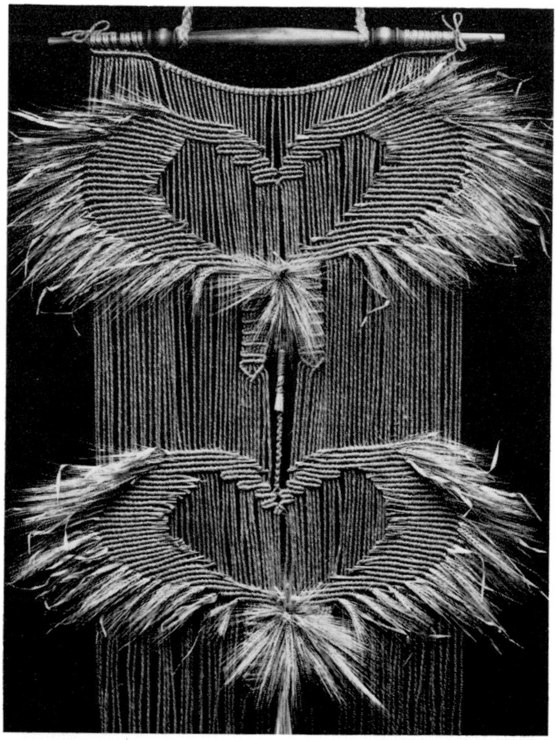